「心が強い子」は母親で決まる！

和田秀樹
Hideki Wada

三笠書房

はじめに

子どもの将来は「心の強さ」で決まる！

テストの点数が悪かったり、仲間はずれにされたりして、子どもが学校を嫌いになったり、性格がひきこもりがちになる。そうした悲劇を、ときどき耳にします。

でも、逆に、そこで**「いつかは見返してやる」**と発奮し、勉強なりスポーツなりで頑張って一番を取り、やがては成功者になるという話は枚挙に暇がありません。

結論から申し上げますと、**子どもの将来は、「心の強さ」で決まる**——のです。

そう言っても過言ではありません。これまで数多くの文化人・著名人たちを見てきた経験、そして、私自身の経験から、そう言えます。

私の場合は、仲間はずれにされた悔しさが発奮材料となりました。たまたま算盤《そろばん》が人一倍得意だったこともあり、「勉強では絶対に負けない！」「必ず見返してやる！」

という強い気持ちで頑張ることができたのです。

ただ、ここで強調しておきたいのは、私はもともと精神的に強かったから「悔しさをバネに頑張ることができた」のでは決してない、ということです。

むしろ逆で、じつは母親がいつも応援し続けてくれたことがとても大きかったのです。「社会では、勉強ができる人が勝つ」「見返してやりなさい」と母が励ましてくれたことが、私の心の支えになっていたことは間違いありません。

いまの子どもを見ていて思うのは、学力が落ちたこと、体力が落ちたこと以上に、「頑張る力」が落ちたことです。これでは、勉強に限らず、どんな世界でも成功できません。

競争が熾烈《しれつ》ないまの日本では、「頑張る力がない」ということは、そのまま人生がうまくいかなくなることを意味しているのです。子どもの将来を考えたら、それを見過ごすわけにはいきません。

要するに、**「(負けても)いつかは勝ってやる!」という「悔しさをバネにできる心の強さ」こそが、これからの時代を生きるベースになる**のです。

「心が強い」ということは、「自分を信じる能力がある」ということです。

「勉強をやればできる」「頑張ればいつかはライバルに勝てる」と信じられる人は強いし、「どうせ僕（私）なんてダメだ」と思うようでは頑張れないでしょう。

子どもというのは素直なもので、**親が「絶対できる」と言い続けていたり、親が何があっても愛してくれたりすると、自分を信じられる**のです。

あるいは、ちょっとした成功体験で、自分を信じることができるという一面もあります。私の場合は、算盤がたまたま人一倍できたので、自分のことを賢いと思い込めたことが、自分に自信を持つきっかけになりました。親は子どもの取り柄を見つけてあげたり、得意なことで勝つ体験をさせたりすることが大切なのです。

本書では、自分自身の実体験、自分の子育てと精神科医としての経験から、そのノウハウを紹介しました。どれも、家庭で今日からすぐに実践できる方法です。

その意味で、本書が、読者の方にとって**親子のための「最高の実用書」**になれば、著者として幸甚この上ありません。

和田秀樹

『「心が強い子」は母親で決まる！』◆もくじ

はじめに　子どもの将来は「心の強さ」で決まる！　1

1章 「心が強い子の母親」が絶対にしていること

- 子どもの心は「親子の会話」で強くなる　12
- 精神的に「強い子」「弱い子」——母親の違い　16
- 「うちの子は大丈夫！」と心から思える習慣　20

2章

勉強・友達――頑張る心は「いい親子関係」から生まれる

- 「外でいいこと・いけないこと」を教えよう 25
- 勉強・スポーツ――「勝っても負けても」子どもは成長する 30
- 子どもは「塾」で「学校とは違う価値観」を学ぶ 34
- 子どもにストレス耐性をつけるのも「親の役目」 37
- 「勉強しなさい！」と言わずに勉強させる法 41
- 「負けたくない！」――頑張る心の上手な育て方 48
- 私が「難関校・灘中学校にすんなり合格できた」理由 50

● 親が「できる！」と思えば、子どもは必ず「できる！」 54
● 夢教育――「将来なりたいもの」を真剣に考えさせる 57
● 「子どもが思春期を迎える前」に親が知っておくこと 63
● 「いい友達がいる子」の親、「いない子」の親 67
● 「いまの子ども」「昔の子ども」の一番違う点は？ 70
● 「みんなから好かれる必要はない！」 73
● 傷つき・傷つけて「人の痛みがわかる子」になる 78
Column 親の「情報収集力」が、子どもの心を強くする！ 84

3章

「自分に負けない心」は家庭で鍛えよう！

● 鉄則――子どもが勉強している間は「テレビを消す」！ 92
● 心が強い子は、なぜ「受験にも強い」？ 96
● 「子どもが得意なこと」を見つけて、さらに伸ばす法 99
● 「学校で勉強してきたこと」を食卓で言わせよう 104
● 「一人たりとも落ちこぼれを出さない」システム 107
● 頭がいい子の勉強時間は「学年×二〇分」 110
● 「勉強から逃げない心」がみるみるできる 114
● 目的意識――「心が強い子」は体も強くなる！ 120

4章

子どもの「意志の強さ」はしつけで決まる！

● 学校は「人間関係を学ぶ場」と考えよう 126
● 学校の先生に「頼っていいこと」「いけないこと」 133
● 「毎朝、きちんと挨拶させる」だけで変わる 136
● 「お父さんは怖い！」が一番いい 142
● 「意志が強い子を育てる」七つの習慣 148
● 「親子の約束事」を決める——責任感を育てる法 152
● 「ルールを作る」と子どもは伸び伸び育つ！ 158
● 頭のいい親は「絶対やってはならないこと」を教える 160

5章

「やればできる！」と子どもに信じさせる法

■小学生に「職業観を教える」一番いい方法 166
■本棚には必ず「偉人伝」を置こう 169
■魔法のひと言――「ここで立ち向かわなきゃ駄目よ」 172
■「スマホのルール」は親子で決めよう 176
■「子どもを有害サイトから守る」基本知識 180
■パソコンは「食卓に置く」 182
■「子どもを愛する親の力」こそ成長の原動力 186

本文イラスト　森のくじら
本文ＤＴＰ　宇那木孝俊

1章

「心が強い子の母親」が絶対にしていること

子どもの心は「親子の会話」で強くなる

子どもの「強い心」を育てる――。

これは、いまの親に課せられた責務ではないでしょうか。

ご承知の通り、いまの世界は「成績優秀な人」、つまり「仕事ができる人」が優遇される競争社会です。

終身雇用、年功序列が当たり前であったバブル経済期の時代であれば、定年まで会社にいることは、特別なことではありませんでした。

しかし、いまは違います。できない社員は、淘汰される厳しい時代です。大学を卒業したばかりの新人も社会に出たとたん、熾烈《しれつ》な競争の場に立たされるのです。

そうであるならば、学校という場では、この**競争社会を生き残っていけるような教**

育をするべきです。

しかし、これまでの日本の教育は、そうした社会のあり方に逆行するようなことをしてきました。

一九七七年、「ゆとりと潤いを」をスローガンに始まった「ゆとり教育路線」は、一九九八年の「学習指導要領の全部改正」を経て、二〇〇二年に本格的にスタートしました。いわゆる「ゆとり教育」です。

それにより、学習内容と授業のコマ数が大幅に削減（一九七一年時に比べ、小学校六年間で四五四コマ、中学校三年間で五九五コマ減少）され、「学校週五日制」が実施されたのです。

学力低下などを理由に、「ゆとり教育」は撤回されましたが、「ゆとり教育」がもたらした「ゆとりモード」はいまも厳然と残っています。

「勉強のさせ過ぎは、子どもにストレスを与えるだけだ」

「テストの順位を張り出したり、スポーツで優劣を決めるのは、子どもを傷つけるからやめよう」

こうした声が、教育の現場では、いまだに叫ばれています。

現在進められている大学の入試改革でも、学力を多面的、総合的に評価するという狙いから、面接で「人間性」を見るとか、学校での内申書（これも教師の主観による意欲や態度の評価の部分が大きいものです）を重視する方向に向かっています。

いまの学校教育は、かつてないほど「ぬるま湯」の状態になってしまっているのです。学校では、競争社会を生き抜けるような「ストレス耐性」、つまり、「強い心」を育てる機会を与えません。

後で詳しく説明しますが、いまの学校――特に、大都市部の公立学校には、残念ながら期待はできないと言ってもいいでしょう。

家で親が子どもを強くするしかないのです。

どんな時代であろうと、**「たくましく生き抜く子」に育てるのが親の役目**だと思います。だとすれば、親は競争社会を生き抜けるような「強い心」を育てることが何よりも重要です。

では、具体的に親はどうすればいいのでしょうか？

できる子は、例外なく「心が強い」！

精神的に「強い子」「弱い子」
——母親の違い

結論から言えば、「**親と子の本音の会話を増やす**」こと。それに尽きます。

逆に言えば、それほど親と子の「本音の会話」が不足しているということです。

私自身の経験、そして受験指導を通じ、多くの受験生や、親御さんたちを見てきた実感からもそう言えます。

家庭で、それも食卓で子どもと本音で話をすることによって、子どもは見違えるほどたくましく育っていきます。

その意味で、子どもの「心の強さ」とは、「親子の会話」でこそ育つ。そう言い換えることもできると私は思います。

子どもの将来は、親の育て方ひとつでいかようにも変わる――。

自分自身の人生を振り返り、私はそう思います。

・中学受験で厳しい競争を勝ち抜き、難関で知られる灘中学校に合格したこと。
・灘校では劣等生だったが、挽回して現役で東京大学医学部に合格したこと。
・東京大学の医局に馴染めなかったが、アメリカに留学し、逆に退職後に精神科医としての地歩を固めることができたこと。

このように、私がこれまでたくさんの壁を乗り越えることができたのは、すべて親、特に母親のお蔭だと思います。

私が経験してきたからこそ、よくわかるのですが、子どもが壁にぶつかったり、苦しんでいるときに、それを乗り越えられるかどうかは、「母親のあり方」で決まると言っても過言ではありません。

「精神分析の祖」ジグムント・フロイトは、**「母親の愛情を強く受けた子ほど、自分**

は成功するという確信を持ち続ける」と言いました。

それほど、母親が、子どもの人格形成やものの考え方に及ぼす影響は大きいということです。

そうした私自身の経験を踏まえながら、いまの子どもたちを見たとき、私は正直言って、危機感を抱かずにはいられません。

いつの時代にも、「いまの子は心も体も軟弱だ」と言われます。

しかし、現代の子の弱さというのは、かつての比ではないと思います。私が子どもの頃と比べてみても、肉体面の弱さもさることながら、それ以上に、精神面の弱さが深刻です。

友達にからかわれた。

先生に叱られた。

テストで悪い点を取った。

体育の時間に鉄棒ができなかった――。

こうしたほんの些細なことで、簡単に傷つき、落ち込んでしまうのが、いまの子どもたちの特徴です。

その悔しさをバネに、猛勉強をしたり、鉄棒の練習を必死でやる子であれば、何の問題もありません。つらいこと、**嫌なことにも立ち向かっていける「強い心」**を持っているからです。

しかし、いまは「強い心を持つ子」のほうが少数派です。

悔しさをバネにするどころか、やる気をなくし、投げやりになってしまう子が珍しくありません。力を尽くして頑張る前に、心が萎《な》えてしまい、つらいこと、嫌なことから逃げたがる傾向があるのです。

勉強をしない子も、友達関係に悩んでいる子も、いまの子どもたちに共通する問題点とは、突き詰めれば「心の弱さ」に行きつくと私は思います。

はたして、そのような子どもたちが大人になったとき、厳しい競争社会を勝ち抜くことができるのでしょうか？

杞憂《きゆう》であればいいのですが、私には疑問です。

じつは、私も小学校時代、精神的にとても苦しい毎日を過ごした経験があります。

私の場合は、仲間はずれが原因でした。来る日も来る日も、やり場のない怒りを感じながら、学校に通っていたものです。

ただ私は、つらい日々の中で、一度たりともその現実から逃げ出したり、負けることはありませんでした。

登校拒否をしたこともなければ、引きこもりになったことも一度もありません。

なぜなら、私には**母親という「絶対的な味方」がいた**からです。

母親の支えがあったからこそ、私はつらい日々を耐え抜くことができたのです。

「うちの子は大丈夫！」と心から思える習慣

子どもがクラスの子から悪口を言われたり、仲間はずれにされようものなら、学校

に抗議をする親がいます。

私は、そうした親たちの過保護とも言える姿勢が、子どもを「軟弱にする原因」の一つだと思います。私が子どもの頃には、些細なことで学校に抗議をする親は、ほとんどいませんでした。

たとえば、私の親は、クラスで私が仲間はずれにされていることを知っても、まったく動じませんでした。オロオロしたりパニックになったり、学校に抗議をするといったことはなかったのです。

その一方で、「悪いのは仲間はずれをする相手のほうだ」という姿勢で、私を励ましてくれました。そのお蔭で、私は「親が絶対的な味方」でいてくれるという安心感を持つことができたのです。

それだけではありません。

傲慢に聞こえるかもしれませんが、「**僕は仲間はずれをするような人間とは違う**」と、つねに自分に言い聞かせることもできたのです。

この自尊心こそが、ともすれば「孤独感に押しつぶされそうになる私の心」を支えてくれました。

当時、母が私に言ってくれた言葉をいまでも鮮明に覚えています。

「仲間はずれをする相手とは、仲良くしなくていい。勉強して見返してやりなさい！」

母は私のことを一〇〇パーセント信頼し、そう言ってくれたのです。

これは、私にとって**本当に気持ちが楽になる「魔法のような言葉」**でした。

当時の私は、相手にあわせることが大の苦手でした。仲間はずれをする相手に向かって、平気で言い返すような生意気な一面があったのです。

だから、母に「仲良くしなくていい」と言われたことで、精神的にずいぶん救われたものです。

もし、母から「その性格をなんとかしなさい」とか、「みんなと仲良くしなさい」などと言われていたら、二度と相談をすることができなかったかもしれません。結果的に、孤独感に押しつぶされていたと思います。

ただ、ここで気をつけなければならないこともあります。

子どもが仲間はずれにされていたり、友達の数が少ないからといって、やみくもに

子どもが「仲間はずれ」にされたら――

心が強くなる！

心が弱くなる！

「みんなと仲良くしなくていい」と言っていいわけではないということです。

親は子どもの性格、子どもが置かれている状況を冷静に観察する必要があるのです。

私の場合、クラスの子から受けていた仲間はずれが、簡単には収まりそうもなかったことと、私の性格上の問題がありました。

前述したように、私は人づき合いが大の苦手でした。そのため、母は私のそうした性格を矯正《きょうせい》することは難しいと判断したのだと思います。

だから、母は私の性格を無理に直そうとはせず、私に仲間はずれに**「耐える力」をつけさせようとした**のです。

そうした理由から、母は私に「みんなと仲良くしなくていい」と言ったのです。

仲間はずれにされることはたしかにつらいことです。しかし、子どもにとっては、決してマイナスなことばかりではありません。

私がそうであったように、つらいことに耐えたり、苦しいことを乗り越えようとする精神的な強さが身につくという側面もあるのです。

子どもにつらい思いをさせたくないからといって、やみくもにそれを取り除こうとする前に、考えなければならないことがあるということです。

ほとんどのお母さんはそこを誤解しています。

かわいそうかどうかではなく、**「子どもを強くする」ために必要かどうか**——。

そこを見極めることも、親の大切な役目なのです。

「外で言っていいこと・いけないこと」を教えよう

「みんなと仲良くしなさい」
「悪口を言ってはダメだよ」——。
親というものは、こうした建前を並べ、子どもを頭ごなしに叱りがちです。
しかし、普段から親がきれいごとばかり言っていると、次第に子どもは親に本音を話そうとしなくなります。

なぜなら、「親とは違う価値観を持つこと」を子どもが恐れるからです。

それがきっかけで、「自分はダメな子だ」などと思い込んでしまうことは、決して少なくありません。

これが、あたり障りのないことしか言えない「臆病な子」にしてしまったり、悩みがあっても親に相談をできず、「問題を抱え込んでしまう子」をつくる原因です。

もし、子どもが家で友達の悪口を言ったとしたら、

「そんなこと言っちゃダメよ」

などと頭ごなしに叱るのではなく、

「お母さんもそう思うけど、外で友達の悪口を言うと嫌われるよ」

と言うべきなのです。つまり、

家では「本音」で話してもいいが、外では「建前」で話すことも大切だ――。

ということを親が子どもに教えるのです。それを、きちんと子どもに伝えることが、親の大切な役目だと私は思います。

子どもが「友達の悪口」を言ったら――

使い分ける
本音
建前
友達の悪口を言ったらダメでしょう!
外で友達の悪口を言うと嫌われるわよ

本音と建前を使い分けるなどと言うと、驚くお母さんも多いでしょう。

しかし、現実に社会には本音と建前があります。

社会では、本音と建前を使い分けることが、良質な人間関係を築く一つのファクターと言ってもいいのです。

だとすれば、子どもにそれを教えるのが教育だと私は思います。そのことをわかっていない大人たちが多いのです。

クラスでちょっと仲間はずれにされたり、悪口を言われただけで、「みんなと仲良くできない僕はダメな子だ」などと深刻に悩む子が後を絶たないのは、学校や家で「本音で話す習慣」がなくなりつつあるからだと思います。

本音で話すことがないということは、「本音でぶつかり合う経験」もないということです。

だから、たとえば、子どもが友達と口論となったとき、本気で悪口を言ったり、ののしり合ったりした経験がない子は、それに対する免疫ができていないため、簡単に傷ついてしまうのです。

ちょっとしたことで、すぐに傷つく「弱い子」が増えている原因は、そうした**本音のコミュニケーションの欠如**にあるのでしょう。

建前を教えることも大切ですが、少なくとも、家庭の中では、親が本音をきちんと伝えるべきです。

子どもの心を強くできるのは、先生でも学校でもありません。

子どもと本音で話ができる「親」、特に、子どもと一緒に過ごす時間の多い「母親」なのです。

勉強・スポーツ
——「勝っても負けても」子どもは成長する

子どもが、精神的に一回りも二回りも大きく成長するきっかけがあります。

それは、勉強やスポーツなどで優劣を競い合うこと、つまり「競争」です。

競争には、「勝ち負け」がつきものですが、子どもにとって**「勝ち負け」を経験すること自体が、大きく成長するきっかけ**となります。

勝ったり、負けたりするなかで、子どもは互いに切磋琢磨することを覚えます。その競い合いを通じて、子どもは学力や体力、そして、精神力を大きく成長させることができるのです。

ところが、いまの学校からは、「競争の場」が失われようとしています。その最たる例が、運動会の短距離走などのように、個人の順位がつけられる競技を減らし、団

「勝ち負け」が子どもを強くする

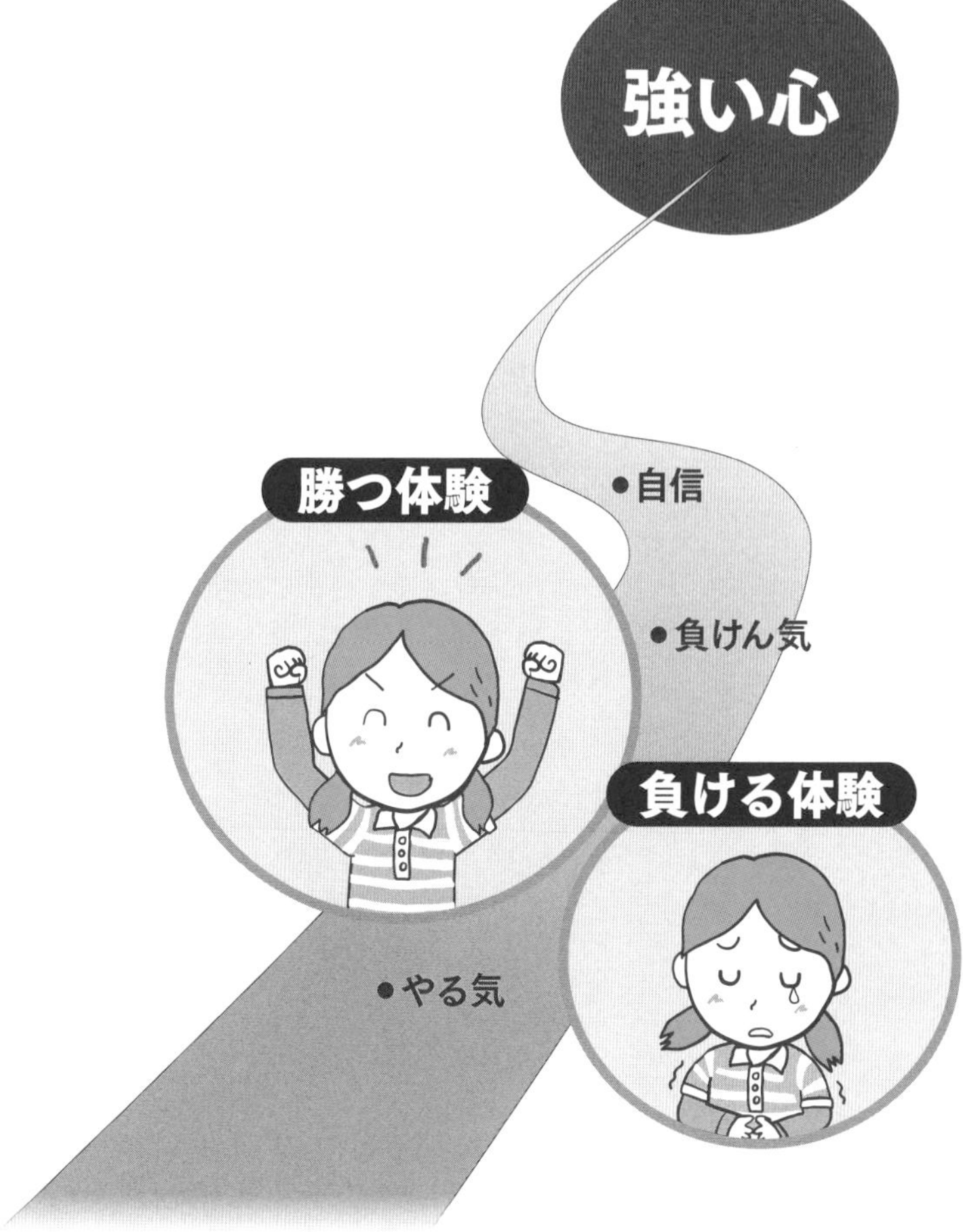

体競技を中心に行なうことです。

学校制度についても、「競争」を否定するかのような仕組みに変わってしまいました。二〇〇二年から、学校の成績の評価方法が、いわゆる「相対評価」（集団に準拠した評価）から「絶対評価」（目標に準拠した評価）に変更されました。

つまり、クラス全体の中での比較によって評価が決まる制度から、一人ひとりの学習の成果によって評価が決まる制度へと変わったのです。これを、「順位を明確にしない制度」と言ってもいいでしょう。

その結果、相対評価の時代には、通知表で五を取る子が五人しかいなかったのに、絶対評価に変わった途端、その数が二倍に増えた、ということが続出したのです。

わかりやすく言えば、テストの成績にくらべ、通知表の評価のほうが高い子を生み出したということです。

私はこうした制度には絶対に反対です。これでは、「競争心」どころか、「リレーで一等賞をとる」だとか、「次のテストでは、絶対に一番になる」、といった子どもの**「向上心」そのものを奪うことになる**からです。

駆け足が速い子にとっては、自分の能力を活かす場が奪われることになるわけですし、駆け足が遅い子にとっても、「努力して、次は順位を上げよう」とするモチベーションをつぶすことになります。

同じように、頑張って勉強をしている子にとっては、まったく張り合いがない制度に違いありません。

逆に、勉強ができなくても、通知表ではそこそこの評価を得られてしまったとしたら、子どもは「頑張って勉強をしよう」と思うはずもありません。

「子どもが伸びる」機会を、大人たちが摘み取っていると言ってもいいでしょう。

このように、いまの学校教育には、勉強やスポーツの優劣を競うことに否定的なムードが、厳然として残っています。いわば、「競争心」を起こさせないような仕組みができあがっているのです。

子どもは「塾」で「学校とは違う価値観」を学ぶ

私は塾や習い事など、学校以外の集団に子どもを所属させることに大きな意義を感じています。

学習塾やスポーツ、ピアノ、絵画などの教室では学校とは違う基準で評価をされます。簡単に言えば、そこは「**実力がすべての世界**」です。

どんな子も、公平な基準で評価をされる。これが、子どもにとっては、たまらない魅力となるのです。

たとえば、塾では試験の成績だけが評価の基準となります。成績がよければ、それだけで先生がほめてくれます。

塾によっては、能力が上のクラスにどんどん上がっていくことができます。子ども

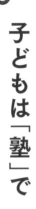

は、これを励みに頑張るのです。

「実力だけで評価をされる」ことがモチベーションとなるため、親が言わなくても、自分から進んで勉強をするようになります。

だから、成績もグングン伸びますし、それが評価をされることで、さらに勉強を頑張ろうとする意欲が増すという好循環が生まれるわけです。

ちなみに、大学の附属の小学校に通っていた私の娘がちょうどこのタイプで、「実力がすべての塾」に嬉々として通っていました。

それに、いまは学校がぬるま湯のような状態になっているため、子どもたちに「歯をくいしばって頑張る経験」が不足しています。だから、いまはそうした場を自分から積極的に求める子どもが少なくないのです。

スポーツ教室の場合も同じことが言えます。

野球であれ、サッカーであれ、なんでもいいのですが、練習がとても厳しかったとしても、つぶれてしまう子どもは意外に少ないです。

それより、練習の厳しさの中で、上達していく喜びを感じたり、「こんなにレベルの高いことをやっているんだ」と、誇りに思ったりして、伸びる子のほうが断然多いのです。だから、そうした子は、肉体的にも精神的にも当然、強くなっていきます。

子どもとは、往々にしてそういうものです。

もし、勉強やスポーツの優劣を競うことによって傷つく子がいたとしても、それほど多くないでしょう。

だとすれば、大事なことは、傷ついた一部の子のアフターケアをしっかりとすることです。決して、競争そのものを奪うことではありません。

もし、子どもがつぶれてしまいそうになったら、そのときは、塾やスポーツの練習を一時的に休ませるなどして、まずは、疲れてしまった子どもの心身のケアにつとめるのです。

私は、それで十分だと思います。

子どもが傷つく前から、親があたかも目の前に転がる小石を取り除くようなマネは絶対にやめるべきです。

もう一度言いますが、「**競争が子どもの心を強くする**」ということを知ってください。

たしかに競争で勝ち負けは生じます。

しかし、負けて傷つくことを恐れて競争をさせないと、勝つ経験ができないので心は強くなりません。

親としては、いろいろな競争に参加させて、何でもいいので「勝つ」経験をぜひさせてあげてください。

子どもにストレス耐性をつけるのも「親の役目」

「子どもは弱い存在だから、ストレスを与えないほうがいい」と言う人がいます。

私は、まったくナンセンスな話だと思います。

ストレスとは、「緊張」（「負荷」とも言い換えられる）といった意味からか、悪い

イメージがつきまとっています。

しかし、ストレス自体は、決して悪いものではありません。

むしろ、ある一定のストレス（負荷）であれば、体や心、人の能力を伸ばすうえで好影響を及ぼすことのほうが多いのです。

「子どもの心を強くするストレスもある」ということを知ってください。

次ページのグラフ（ストレス強度と作業能率）を見てください。

横軸がストレスの強さ、縦軸が勉強などの成績（生産性あるいはパフォーマンス）を表す曲線です。ある一定の限界点まではストレスを強くするほど能率が上がり、それを超えると能率が下がるというグラフです。

この限界点は、もちろん人によって異なります。

ストレス耐性の強い人は、限界点が中心より右の方向にいくでしょうし、弱い人は左の方向にくるはずです。

私は、このグラフの限界点、つまり、「ストレス耐性の強さ」（強い心）は、強化することができると考えています。

子どもの心は強くできる！

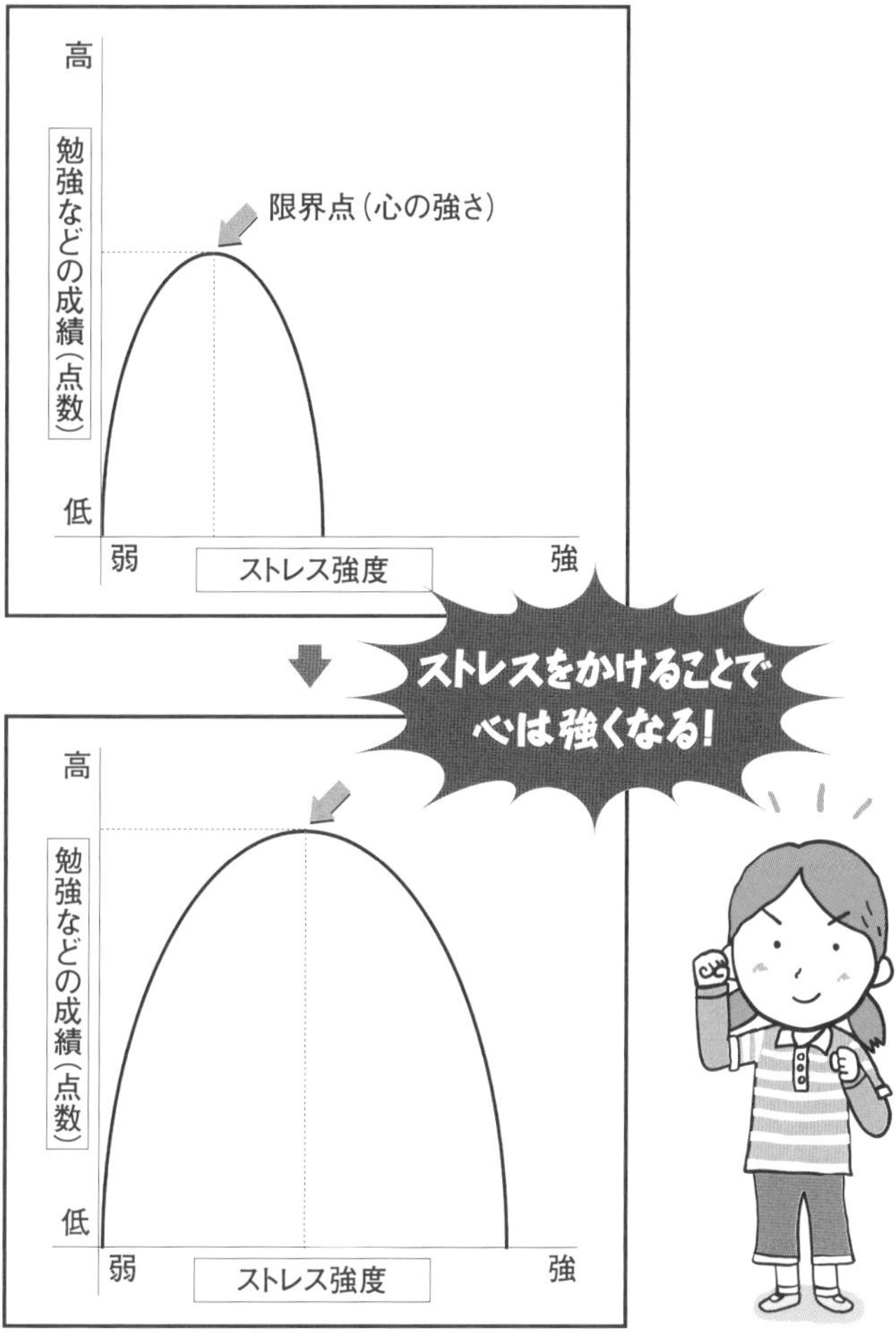

少しずつ負荷を増やしていくことによって、徐々に限界点そのものを右の方向にずらすことが可能だと思うのです。

もちろん、子どもによってその限界点は違います。

いつもよりもテストの成績が悪かっただけで、簡単に参ってしまうような、極端に心が弱い子もいるでしょう。

だから、親は**自分の子どもがどの程度のストレスになら耐えられるのかを、普段から気をつけておく**必要があります。

最近の子どもは、ストレス耐性の限界点が、全体的にグラフよりも左側に寄ってきている気がします。これは、学校、社会が過保護になっている悪影響の現れだと、私は見ています。

どうも、いまの日本には「子どもは弱い存在」と決めつける大人が多すぎる気がします。実際は、多くの人たちが思っているほど、子どもは弱くはありません。

私のような精神科医の立場から見ると、むしろ大人のほうが、「心が弱い」と言えるのです。と言うのも、歳を取るほど脳内のセロトニンという神経伝達物質が減少し、ちょっとしたストレスでうつ病になりやすくなるからです。

これに対して、子どもは本来、ストレスに強くできています。

大人になる過程で、いろいろな刺激を受け、精神の成長を促すようにできているからです。たいていの子どもは、受験勉強やスポーツできつい練習をしたくらいでは、心が折れないようにできているのです。

だから、親は子どもを信じて見守ることです。

「ストレスに強い子どもに育てること」、それも親の重要な仕事なのです。

「勉強しなさい！」と言わずに勉強させる法

子どもに「生きる力」を身につけさせること――。

これは、すべての親に課せられた義務です。

「生きる力」とは、「一生、食べるのに困らない力」「一生、幸せに生きていける力」のことです。

そして、**子どもに「生きる力」を身につけさせる最も効率的な方法の一つが、「勉強をして学力をつけること」**だと思います。

私は小学二、三年の頃から、親に「将来、手に職をつけないと食べていけない」と言われて育ってきました。

前述したとおり、私は、周囲にあわせることが得意ではありませんでした。たとえ、相手が年上だろうと、先生だろうと、自分が間違っていると思ったことに対して黙っていることができない性格だったのです。

そうした私を見て、母はこう言いました。

「秀樹ではサラリーマンは務まらない。だから、弁護士や医者のような資格のある職業につかないと、食べていけない」

その言葉の真意は、どんな世の中になろうと、「自分で稼げる力をつけろ」という

「社会の厳しさ」を教えよう

「勉強を嫌がる子」に対して――

子どもが自主的に勉強をする

ますます「勉強を嫌がる」

ことです。

そのためにも、勉強をしっかりやり、生きるうえで必要な「基礎学力」をつけなければならない。そうしたメッセージだったわけです。

子どもとは、とかく親に対して甘えがちなところがあります。

だから、単に「勉強をしなければダメだ。結局、頭のいい人が生き残る」と言ったところで、子どもの心には響きません。「人から強制されるのは嫌」なのは、大人も子どもも同じだからです。

私の親はそのことをよくわかっていたのだと思います。

考えてみれば、私は子どもの頃、親に「勉強をしなさい」と言われたことは一度もありませんでした。そのかわり、「勉強をしないと損をする」ということを、繰り返し言われました。

親が苦労をした実体験だとか、世の中の厳しさを教えられたのです。

戦後の混乱期に、食べるものにも着るものにも不自由をするほどの貧しさを味わった話。貧しさから這いあがるためには、何よりも「自分で稼げる力」が重要だった話。

こうした苦労話を何度も聞かされていたからこそ、私は子ども心に自然と「勉強をしなければいけない」という危機感を持つことができたと思います。

算盤が人一倍得意だったこともありますが、不思議と「勉強をするのは嫌だ」と思ったことは一度もありません。

いまの日本に、戦後のような衣食住に事欠くほどの貧乏はありません。だから、苦労話をできる親自体が減ってきているのかもしれません。

しかし、それだからこそ、余計に親は「世の中の厳しさ」を子どもに教えるべきだと思います。

ときには、「頑張れば何でもできる」「夢は必ずかなう」といった耳当たりのいい言葉、つまり、建前を話すことも必要でしょう。

しかし、子どもの将来にとって本当にプラスになるのは、「**勉強をするかどうかで、人生に大きな差が生まれる」という現実をきっちり伝えること**だと思うのです。

2章

勉強・友達――頑張る心は「いい親子関係」から生まれる

「負けたくない！」――頑張る心の上手な育て方

「負けん気」が人を成長させる――。

私自身が経験してきたからこそ、確信を持ってそう言えます。

私の場合は、悪口を言われたり、仲間はずれにされるといった悔しさが最大のモチベーションとなりました。

「見返してやりたい」

その一心で勉強を頑張ったからこそ、いまの私があると思います。

私は勉強が得意だった半面、体育やスポーツは大の苦手でした。身体は小さく、駆けっこはいつも決まってビリ、鉄棒の逆上がりはできず、縄跳びの二重跳びもできませんでした。

サッカーやソフトボールなども下手で、私がいるチームはいつも負けていました。自然とみんなが「和田を自分のチームには入れたくない」と言うようになり、それが仲間はずれの原因となったようです。

次第に野球も遊びも、ありとあらゆる集まりに交ぜてもらえないようになりました。勉強ができてもスポーツは苦手ということで、仲間はずれの対象になりやすかったのでしょう。

それに、身体は小さくて運動が苦手なくせに、口だけは達者で生意気な一面がありました。前述したように、悪口を言われたとしても、平気で言い返すような子だったのです。

また、頻繁に転校を繰り返したことも、私が周囲に打ち解けることができず、仲間はずれにされる一因だったのではないかと思います。

父は当時名門の繊維メーカーに勤め、大阪と東京で転勤を繰り返していました。そのため、家族も大阪と東京を転々と引っ越し、私は小学校を六回も転校する羽目になったのです。

東京に引っ越しては大阪弁をバカにされ、大阪に引っ越せば、今度は東京の言葉を使うのは生意気と言われる。その繰り返しでした。

私が「難関校・灘中学校にすんなり合格できた」理由

しかし、このつらい体験が、名門で知られた灘中学校受験を真剣に考えるきっかけになったことは間違いありません。

「勉強で見返してやりたい」という気持ちがどんどん強くなっていきましたし、レベルの高い中学に入れば、悪口を言ったり、仲間はずれをするような人はいなくなると信じていたからです。

だから、受験勉強は必死でやりました。とにかく、得意な算数を完璧にしようとどん欲に勉強をしたのです。

模試を受けても、解いた問題を何度も何度も見返し、模試が終わるまで気を緩めることはありませんでした。

そうした姿勢が、八回受けた模試で算数では、八〇〇点満点中七九六点という高成績を取ることにつながったのだと思います。

合格することに対して執念を燃やしていたため、灘中学校の入学試験はすんなりパスすることができました。一七三人中五位という好成績で灘中学校に合格することができたのです。

人はつらさを味わったり、悔しさを噛み締める経験をしないと、なかなか「なにくそ、見返してやる」と奮起できないものです。

実際、仕事柄、これまで数多くの文化人や東大生たちを見てきましたが、私と同じように、涙を流すほどの**悔しい思いから奮起し、その後、大きく飛躍した人はじつに多い**のです。

人によって、何がモチベーションとなるかは違うでしょう。

友達にテストの順位で負けたことが悔しくて頑張る子もいれば、運動会のリレーでビリになった悔しさから、一所懸命に体を鍛え、スポーツに目覚める子もいると思います。

きっかけは何でも構いません。とにかく、「負けてたまるか」と奮起できさえすれば、子どもは自然と伸びていくことができるのですから。

大切なことは、**「悔しい気持ち」をいかに「頑張る原動力」に変えるか**にあります。

そして、それができるのは親だけなのです。

だから、悪口や仲間はずれといった程度のことであれば、むしろ私は子どもの成長にとって必要なものと考えるべきだと思います。

子どもが仲間はずれにされていることを知ったとしても、親は決して慌てないことです。

「**とにかく何かで勝たなければね**」

「**見返してやりなさい**」

そう励ましてあげることのほうが大切だと思います。

「負けん気」に火をつける法

悔しさ

↓

親のひと言

「見返してやりなさい!」

↓

頑張る力

つまり、悔しさをバネに頑張る「動機づけ」を親がしてあげるわけです。

それが、子どもの「強い心を育てる」ひとつの方法です。

親が「できる！」と思えば、子どもは必ず「できる！」

私の本当の苦しみは、名門校に入学した後にはじまりました。

灘中学校に入学したことですっかり安心してしまった私は、勉強に対する意欲を失ってしまいました。と言うのも、明確な目標がなくなってしまったからです。

それに、中学受験のために通っていた塾の先生から、よく「灘中（灘中学校）に入れば、トコロテン式に東大に入れるから、いまは必死になって勉強しなさい」と言われていたことも大きかったと思います。

それをすっかり真に受けてしまったわけです。

ただでさえ、優秀な子どもたちが集まる学校ですから、ちょっと勉強をしないだけで、順位は急降下します。案の定、入学時は五番だった私の順位は、たちまち中以下に落ちてしまいました。

そして、一七〇人中一二〇番を下回るほど成績が落ち込んだ中学校二年の一学期、突然、仲間たちからの「嫌がらせ」がはじまったのです。

小学生時代は、悪口や仲間はずれですんでいましたが、中学生になるともっと悪質なものへと内容が変わりました。

あるとき、まったく泳げない私をプールに放り込もうとする計画があることを知りました。有難いことに、数少ない親友が教えてくれたのです。

そこで私は、その計画を立てた生徒たちを避けるため、クラブの部室に立てこもり、何とかやりすごしたのです。

また、あるときは、大きな木製のゴミ箱に放り込まれ、閉じ込められたこともありました。

いくら助けを呼んでも誰も来てくれません。灘中学校はいい加減なところもあって、生徒がよく授業を脱出するので、一人ぐらい教室からいなくなっても教師はまったく気にしなかったのです。

ほかにも、紐で縛られて三階から吊されかけたこともありました。

とにかく、灘中学校に入ってから、悪質な嫌がらせを受けるようになったのです。

正直言って、これは相当こたえました。

なぜなら、灘中学校に入れば、仲間はずれや嫌がらせはなくなると思っていましたし、私のように変わり者を受け入れる寛容さがあると信じていたからです。

しかし、その期待がものの見事に裏切られることになりました。

そのとき私は、どんな集団にも、仲間はずれや嫌がらせがあることを思い知ったのです。小学校時代は、

「仲間はずれをするような相手とは違う」

「勉強を頑張って見返してやる」

と思い、それを原動力に頑張ることができました。

ところが、灘中学校では周りが優秀な子ばかりなため、そうした論理がまったく通用しなくなりました。成績が悪かったため、そうした言い訳ができなくなってしまったのです。

精神的な逃げ場がなくなってしまったことから、私は次第に弱気になっていきました。それでも、母だけは相変わらず私を信じ、励ましてくれたのです。

だからこそ、心がくじけそうになりながらも、「負けてたまるか」と何とか踏ん張ることができたのだと思います。

夢教育――「将来なりたいもの」を真剣に考えさせる

高校二年生のとき、私の人生に大きな転機が訪れました。

クラスの仲間と私との人間関係がガラリと変わったのです。

きっかけは、私が映画監督になりたいという**「夢を抱いた」**ことにあります。

じつは、中学生のときから、私には小説家になりたいという夢がありました。とは言え、国語の中でも心情読解を苦手としていた私には、小説家になれるような能力が備わっていなかったことも事実です。

そのため、小説家になりたいという夢は半ばあきらめていたのですが、高校二年生の頃、映画なら自分で資金を貯めて自主映画として発表できるのではないかという思いが芽生えたのです。

その頃、私は自分自身を表現する場を探していました。それを実現するためには、商業映画ではなく、自主映画の道しかありませんでした。

自主映画を撮るためには、当然、お金が必要です。だから、金銭的に恵まれた上に自由にやめたり、勤めたりできる職業につくことが理想でした。

こうして、いろいろ思案をめぐらし、自分の夢を実現するためには、医者になるのが一番だと気づいたのです。

当時の私は、医者の世界についてほとんど知識を持ちあわせていませんでした。

しかし、漠然と医者になれば、私のような変わり者でも、世の中で生きていけると思っていました。小さい頃から、資格のある職業につきなさいと母から言われていた影響もあったのでしょう。

そこで、まず私は「東京大学の医学部に合格する」ことを目標に据えることにしました。

当時の私の成績は、下から数えたほうが早いような、惨憺《さんたん》たるものでした。そんな落ちこぼれの私が、どうやったら成績を上げ、入学試験を通過できるか――。

私は、自分の課題を徹底的に洗い出すことからはじめ、東大医学部に合格するために必要なことを考え抜いたのです。

その結果、生まれたのが私流の受験勉強術です。

ここでは、私が編み出した勉強術について詳しく触れることはしませんが、この勉強術が功を奏しました。

あれほど低迷していた成績が、短期間でグングン上昇していったのです。

成績が上がるにつれ、私は次第に自信を回復していくことができました。

そのせいでしょうか。毎日のように、クラスの仲間から受けていた嫌がらせがパタッと止まったのです。

これには、私自身が一番驚きました。

どんな人でも、目標に向かってがむしゃらに走っているときは、周りが一切気にならなくなるものです。

実際、「東大合格」という目標が明確になったことで、私の勉強に向かう姿勢はガラッと変わりました。

授業にも、それまでとはまったく違った真剣さで取り組んだものですから、私を見る周りの目も変わっていきました。目標に向かう私の気迫が、周囲にも伝わったのでしょう。

こうして、夢に向かって努力をしはじめたことで、それまで苦しめられてきた嫌がらせから、すんなりと解放されたわけです。

人は誰でも、**夢や目標が明確になると、それまでとはまったく別人のように変わる**

子どもの夢を応援しよう

ことが往々にしてあります。

それが、たとえ実現不可能な大きな夢だったとしても、夢に向かって努力することが一番大事なのです。それが、子どもの「生きる喜び」「生きる原動力」となるからです。

だから、どんな些細な夢や目標だったとしても、親は夢に向かって頑張る子どもを応援してあげることです。

もし、子どもが夢や目標をまったく描けていないとしたら、どうすればいいでしょうか？

その**きっかけを見つけてあげることが、「親の役目」**だと私は思います。

まずは、子どもが本当に好きなこと、真剣に取り組んでいることを応援してあげてください。

「好きなこと、真剣に取り組んでいることを、親から認めてもらった」という実感が、子どもにとって大きな自信となります。

その親の姿勢が、子どもの心を強くするのです。

「子どもが思春期を迎える前」に親が知っておくこと

　中学、高校時代を振り返ってみると、私がつらい経験に負けなかったのは、やはり数少ないながらも親友の存在が大きかったと思います。

　彼らが助けてくれたわけではありませんが、悩みを打ち明けたり、相談に乗ってくれること自体が、私にとって救いとなったのです。

　思春期を迎えると、性的な欲望や異性への関心なども高まり、親に言えない秘密が増えていきます。そうしたこともあり、幼少期に比べ、親に対する依存度は次第に小さくなっていくものです。

　こうして、思春期を境に、**親より何でも話せる親友の存在が大事になる**のです。

　異性への悩みも含めて何でも話せる同性の友達が一人でもいれば、子どもは多少つらいことでも、耐えることができます。

たとえば、クラスの子から嫌がらせを受けたり、部活のハードな練習でつらい目にあったとしても、学校帰りや自宅で親友とこんな会話ができれば救われます。

「それにしてもAはひどい奴だな。一緒に先生に言いにいこうか」

「いや、大丈夫だよ。今度は言い返してやるさ。絶対に見返してやる」

「今日の練習は、本当にきつかったな。途中で、逃げ出したくなったよ」

「本当だな。でも、みんなが歯をくいしばって頑張っている姿を見て、何とか踏ん張れたよ」――。

つまり、**心が強い子とは、何でも打ち明けることができる「親友を持つ子」**とも言い換えることができるのです。

とは言え、最近は、子ども同士のコミュニケーションが希薄で、親友が一人もいないという子も珍しくないようです。

そうした親友がいない子に対して、親ができることとは何でしょうか?

まさか、親が親友を用意するわけにはいきません。

「親友がいる子」ほど心が強い！

しかし、子どもが親友をつくりやすい環境を用意することはできるのではないでしょうか。

たとえば、小学校時代に、仲がよさそうな子を家に招いてあげたり、親同士で懇親を深めるのです。そして、夏休みなどはプールに誘ったり、一緒に泊まりがけの旅行に出かけたりすると、子ども同士は一気に親しくなります。

塾でいい友達に巡り合えたときは、たとえば、親が息抜きに映画館や遊園地に連れて行ってあげてもいいでしょう。

受験に合格したときは、そのお祝いに友達の親と一緒に食事会を開くなど、できる範囲内で無理をせずに子どもがその子とより親しくなれる機会をつくってあげることです。

このように、親が子どもの親友をつくることはできませんが、その手助けをすることはできるのです。

友達が少ないという悩みを持つ子は決して少なくありません。しかし、親がちょっとしたお手伝いをすることで、あっさり解決する場合もあるのです。

「友達ができる環境」を用意する――。親が努力して、子どもの自我が目覚める思春期の前に、いい環境に入れておくことで、いい友達ができるはずです。

こうしたちょっとしたことが、「子どもの強い心を育てるコツ」だということを覚えておいてください。

「いい友達がいる子」の親、「いない子」の親

子どもが親友をつくりやすい環境を整えるうえで、もう一つ、親がすべき重要なポイントがあります。

それは、前述したように、親が子どもと「本音のコミュニケーション」をすることです。

普段から親が子どもに建前だけでなく、本音をズバズバ言っていれば、子どもは、自分が心の中で思っている本音がいけないものだとか、恥ずかしいものだ、などと思い悩むことはありません。

だから、**友達とも自然と「本音のつき合い」ができるようになる**のです。

たとえば、思春期の男の子が好きな女の子に告白をしたとします。このとき、普段から親と本音で話をしている子であれば、仲のいい友達に対して、「あの子に告白したんだ」などと秘密を打ち明けることができます。

このとき、「じつは俺も、前にAちゃんに告白をしたんだよ」と友達が共感を示してくれれば、その子との関係は、必ず親友関係にまで発展すると言っても過言ではありません。

なぜなら、お互いが秘密を共有し合うことによって、強いきずな、信頼関係が生まれるからです。

もし、親友ができれば、さらに、そこから親友グループへと発展することは比較的簡単なことです。

ところが、その子の親が普段、子どもに建前ばかり言って、本心をさらけ出そうとしなかったとしたらどうでしょうか？

おそらく、その子は自分の本心が親と違って汚いものだと思ってしまうので、本心をさらけ出すことを恐れるようになるはずです。だから、友達に対し、自分の秘密を打ち明けることはできないに違いありません。

「友達と違って、（女の子に告白をするような）自分はダメな子だ」などと思い込み、本心を隠そうとするからです。

逆に、友達から「女の子に告白をした」といった秘密を打ち明けられたとしても、「ウソだろー」などと言って、友達とは一線を引いてしまうかもしれません。つまり、自分の本音にフタをしてしまうのです。

すると、せっかく秘密を打ち明けた友達も、共感を得られなかったことに恥ずかしさを覚え、それ以降は、二度と本音が言えなくなってしまうのです。

これが、親友になるきっかけを逃す子の典型的なパターンです。

結局、**親と本音のコミュニケーションをしている子ども同士でないと、本当の意味**

での親友にはなれないということです。

だから、普段から、親が子どもと「本音でコミュニケーションをする」ことが重要なのです。

親友がいる子の親、いない子の親の違いは、そのあたりにあるのではないかと思います。

「いまの子ども」「昔の子ども」の一番違う点は？

最近、他人とコミュニケーションをすることを避ける子どもが増えています。
友達同士といいながら、お互いが傷つき、傷つけることを恐れ、気を遣いながら接する。その極端な例が、友達がすぐ近くにいるのに、わざわざＳＮＳや携帯メールで

やりとりをすることです。

私の感覚ではとても信じられないことですが、いまはそうした子が決して少なくないそうです。

なぜ、いまの子どもたちは、このような不自然な人間関係に追いやられてしまったのでしょうか？

考えてみれば、無理もないことかもしれません。いまの子どもたちの人間関係は、**立場が必ずしも固定していないところに難しさがある**からです。

ひと昔前は、クラスで人気のある子、あるいは、立場の強い子は、ある程度、固定されていたように思います。

ところが、いまは立場がコロコロ変わるそうです。

その原因は、「友達が多い子ほど偉い」という価値観そのものにあります。

私が子どもの頃は、勉強でもスポーツでも、あるいは音楽や絵など、何か一つ優れたものがあればいい、といった価値観がありました。

たとえ勉強ができなくても、体育の時間になれば、リレーや跳び箱で活躍をして、みんなの人気者になれる環境があったのです。

しかし、いまは違います。

昔のように、勉強ができる、スポーツができるということで人気や序列が決まるわけではありません。

前述したように、いまの学校では、勉強の成績やスポーツの順位を明確にしないことがよしとされているからです。

いまは、「友達が多い」「人に好かれる」といった基準こそがすべてです。だから、勉強ができても、スポーツで活躍しても、それだけでは認められません。

勉強やスポーツであれば、努力をすれば何とかなります。

しかし、友達が多いかどうか、つまり人気というものは、自分の努力だけでどうにかなるものではありません。

だから、子どもたちは、みんなの輪からはみ出さないように、同じテレビ番組を見て、同じゲームをし、同じことで笑うことを暗黙のうちに強要されるのです。この**見えない縛りに、子どもたちは苦しむ**わけです。

これが、不自然な人間関係をつくり出す原因です。

周囲に気を遣いながら、なるべくコミュニケーションを取らなくてもいいように、わざわざＳＮＳや携帯メールでやりとりをしたり、ゲームの世界に引きこもるコミュニケーション不全の子どもが増えている理由なのです。

「みんなから好かれる必要はない！」

子どもたちの間に、仲間はずれだろうが、悪口を言われようが、「それぐらい、どこにでもある当たり前のこと」という空気があれば、子どもたちも「本音のコミュニケーション」ができます。
そもそも、親友というものは、お互いが本音でぶつかり合うことなしに、できるも

のではありません。本音のぶつかり合いを通じて、次第に認め合い、仲良くなってできるのが親友なのです。

だから、意識的に仲良くなろうとしてもできるものではないですし、逆に、当たり障りのないことしか言わない関係では、親友へと発展しようがないのです。

しかし、残念ながらいまの子どもたちに、そうした本音のぶつかり合いがあるかどうか、私には疑問です。

すでにできあがってしまっている子ども同士の価値観を、先生や親がどうにかすることは容易ではありません。

だとすれば、子ども自身が変わるしかないのです。そのためには、**まず親が「仲間はずれ恐怖」を捨てることからはじめる**ことです。

いまの教育現場を見ていると、子どもがちょっと仲間はずれにされたくらいで、慌てる親が多いです。すぐに学校や仲間はずれをしている子の親に抗議をするなど、いわば、過剰反応してしまうわけです。

実は、子どもに一番悪い影響を及ぼすのは、親が過剰反応をすることなのです。と

子どもを救う「親のひと言」

言うのも、仲間はずれにされたくらいで、親が取り乱したり、学校に抗議をしたりすると、子ども自身が「自分は惨めな子だ」、などと拡大解釈をしてしまうからです。

親が大騒ぎするほどの状況に置かれた自分を、子どもは卑下《ひげ》するのです。そして、これ以上、親に心配をさせたくないという心理が働くため、同じようなことが起きても、二度と親に相談をすることがなくなってしまうのです。

いじめにあっていた子が、誰にも相談をすることなく、ついには、最悪の事態に追い詰められてしまうのは、そうした心理が働くからではないでしょうか。

なぜ、親が大慌てをするかと言えば、親自身が仲間はずれに対して恐怖心を抱いているからにほかなりません。

若いお母さんが子どもを地域の公園に連れて行く「公園デビュー」がいい例です。最初は多くのお母さん方がグループに受け入れてもらえるかどうか不安になるそうです。なぜなら、仲間はずれにされることが怖いからです。

私からすれば、そんな閉鎖的なグループに入らなければいいと思いますが、お母さん方にとって、公園デビューは重要な情報収集の場なのかもしれません。

情報源として仲間に入るのはいいと思いますが、必要以上に媚《こ》びたり、びくびくしたりする必要はないのです。

親が仲間はずれを恐れていると、必ず子どもにもそれが伝わります。こうして親子そろって、「仲間はずれ恐怖症」になるわけです。

大切なことは、まず、親自身が仲間はずれを怖がらないことです。そして、その姿を子どもに示す、つまり、「**みんなから好かれる必要はない。仲間はずれを恐れてはいけない**」と普段から本音を伝えることです。

もし、子どもが仲間はずれにされていることを知ったとしても、親は絶対に慌ててはいけません。

子どもを信じ、絶対的な味方として励ましてあげることです。

子どもを「窮屈な世界」から救い出し、しなやかで強い心を持った子に育てることができるかどうかは、親の姿勢で決まるのです。

傷つき・傷つけて「人の痛みがわかる子」になる

子どもの「心の成長」にとって、「傷つけ・傷つけられる」経験は絶対に必要です。特に子どものうちは、大人に比べて理解力が不足しているため、何事においても自ら経験をすることによって学んでいくことが多いのです。

自分が傷つくことによって、「耐えること」や「乗り越える」ことを学び、人を傷つけることの痛みを感じることで、「思いやり」や「優しさ」というものを知ることができるのです。

ところが、いま、多くの親たちは、子どもの心が傷つくことを極端に恐れているように見えます。

子どもを傷つけないように、そして、なるべくストレスやプレッシャーを与えない

ように気を遣う親が本当に多いのです。

子どもの心は傷つきやすい――。

精神医学的な見地からすると、まったく根拠のないその神話を、多くの親たちが信じているからでしょう。

1章でも触れたように、「子どもよりも、大人のほうがずっと傷つきやすく弱い」のです。

成長の途中段階にある子どもの心は、そんなに簡単に傷ついたりはしません。

前述したように、**子どもの心はいろいろな刺激を受けて成長するようにストレスには強くできている**からです。ですから、大人に比べ、子どもが自殺をすることは少ないのです（統計数字を見れば、ずっと少ないことがわかるはずです）。

少なくとも、通常のしつけで子どもが傷つくことを恐れる必要はまったくありません。ほめるべきときは、きちんとほめ、叱るべきときは、きちんと叱ることが、子どもの成長にとって必要なことなのです。

たとえ、子どもが仲間はずれにあっていたとしても、その試練を「はねのける力」

を身につけさせる重要な機会ととらえるべきです。

親の役目は、子どもが耐えられるかどうかを見極め、子どもを励ますことにあるのです。

ときには、誰かを「傷つける」体験も必要でしょう。

悪口を言ったり、嫌がらせをしたら、相手や周囲はどんな反応をするか。子どもはそれを見て、**「言っていいこと・悪いこと」「やっていいこと・悪いこと」**を学ぶことができるのです。

ですから、親は子どもを信じて見守ってあげてください。そして、本音で励まし、支えてあげることです。

仮に、子どもは傷つきやすいからと、傷つけ、傷つけられる可能性のある行為をすべて禁じたらどうなるでしょうか。何らかのことで他人の心を傷つけたことのない子どもは、どの程度で人の心が傷つくのかわかりません。

また、自分が傷つけられるようなことをされたときに、どれほど心が痛むのかもわからないまま成長していくのです。

「子どもが傷つきやすい」は幻想だ

「人を傷つける」経験

＋

「人から傷つけられる」経験

↓

子どもの心が成長する

これは、「ちょっとしたことで傷つく大人」「人を平気で傷つける大人」になってしまうということにほかなりません。

自分が傷つきやすい人に限って、他人の痛みがわからない——。

これは、精神医学の世界ではよく言われることです。

しかし、いま学校の現場で起こっていることは、まさにいま述べた「傷つけ、傷つけられる機会の極端な減少」にほかなりません。

学校はひとつの社会であり、ルールを学ぶ場なのですから、それなりに厳しいことやつらいこともあります。

仲間はずれも当然あるでしょう。大人社会にあって子ども社会にだけはないというのは、やはりおかしいのです。

大人だけでなく、子どもも日々、学校で戦っています。

わが子が悲しい思いやつらい思いを抱え込んでいることがわかったら、家では親が過保護でもいいから抱きしめてやり、味方になってあげる。それだけでも、子どもは癒され、また頑張って学校に行けるようになるのです。

親の愛情こそ何より重要です。

親から精一杯愛されてきた子なら、たとえ心を傷つけられても、「自分自身に生きる価値がある」「自分自身は愛される存在だ」という確信を持てるため、再び頑張ることができます。

しかし、子どもが親の愛情を実感できないでいると、ちょっとしたことでも傷つきやすくなることはあるのです。自分は「孤立無援」という思いが強いと、相手の好意にも「どうせ僕（私）なんて」と素直に受け取れません。

それどころか、相手の対応を悪く受け取ってしまうことさえあります。

だから、子どもが不安になっていたり、苦しいときこそ、親が全力で慰めてやることが大切です。

子どもが傷つくような体験をさせないことが親の愛情ではなく、そのような体験をしたときに**無条件に全身で包み込んであげることが本当の愛情**です。

そして、こうした親の本当の愛情が、子どもの心を強くし、競争社会を生き抜く力を育むのです。

Column

親の「情報収集力」が、子どもの心を強くする!

子どもの心を強くするために競争や勉強をさせることの大切さを論じてきましたが、これには一つ条件があります。

いろいろな競争に参加させたり、勉強をさせたりしても、その子が負け続けていたり、いい点数が取れなかったりすれば、**心が強くなるどころか逆効果**です。「自分はできないんだ」と劣等感を抱くようになり、いろいろなことにチャレンジしない子になってしまうのです。

親が子どもを名門塾に入れて競争をさせようとしても、子どもの成績がビリのほうになってしまったり、授業の内容がチンプンカンプンだったりすれば、子どもは自分のことを「できない子」だと思い込みます。それが原因で、かえって勉強嫌いになってしまうことは珍しくありません。

もし、そのようなことが起こったら、親がすべきことは、**名門塾をやめさせ、子どもの学力レベルに合った塾や、教え方のうまい塾に子どもを通わせること**です。そして、授業内容が「わかる体験」、テストで「勝つ体験」をさせるのです。

そうすれば、子どもは自然と自信を取り戻し、勉強が好きになっていきます。

要するに、世間の評判に振り回されず、親が真剣に情報を集め、子どもの学力レベルに合った塾を探すことが、子どもの心を強くするうえで大切だということです。

私は最近、子どものために**本気で情報を集めようとしていない親が増えていることを危惧**しています。

じつは、かつて私も少人数制の名門塾を主宰していたことがあります。六年間かけてじっくり指導をし、なるべくいい大学に合格させることを目標としていました。

生徒さんの学力レベルは、いわゆる「御三家」（男子は開成、麻布、武蔵中学校、女子は桜蔭、女子学院、雙葉中学校）と言われる学校にちょっと届かない子が大半でした。ただ、じっくり指導をした結果、一学年七人のうち、多い年には五人が東京大学に現役で合格し、一年浪人をして翌年に二人合格、つまり、**七人全員が東大に合格**したこともあります。

ところが、そうした実績とは裏腹に、その年に行なった塾の説明会には、二〇人くらいの親御さんしか来ませんでした。説明会のパンフレットを二〇〇〇枚も配ったのですが、実際に説明を聞こうとする親の数はその程度だったのです。

名前が有名な塾の説明会には行っても、自分の子どもに合った塾や、じつは合格率の高い塾を探そうとする親はその程度しかいないことに愕然としたことを覚えています。それがきっかけで、いまは個別指導塾に宗旨替えをしました。

もちろん、名門塾が合う子もいますし、そこで競争をし、いい成績が取れれば、子どもの心も強くなります。

でも、塾のレベルが子どもに合わないときは、親が真剣に子どもの学力レベルに合った塾を探し、子どもに「わかる体験」「勝つ体験」をさせることです。そうしないと、子どもの心が強くなるどころか、変な劣等感を抱き、かえって心が弱い子になってしまうことを覚えておいてください。

◎東大理Ⅲに四人の子を合格させた「佐藤ママの情報収集力」

さて、私も対談をしたことがあるのですが、子どもの心を強くするという点で、もっとも成功した親に、「佐藤ママ」こと佐藤亮子《りょうこ》さんがいます。

三人の息子と一人の娘を**全員、東大の中でももっとも入学が難しい理科Ⅲ類に合格させた**ことで注目された母親です。

「受験に恋愛は不要」などと言い、子どもに勉強をみっちりさせた話が有名になったため、スパルタ型の親のように思われがちですが、じつはきわめて合理的な教育をしています。

佐藤ママが必要がないと思った宿題は、子どもの時間を奪うという理由で、子どもの代わりにやってあげるようなこともしているのです。

私が佐藤ママのやり方をとても評価しているのは、**四人の子どもにそれぞれ違った勉強法で勉強をさせている**ことです。

「一人ひとりの能力特性が違うのだから、一人ひとり成績が上がる勉強法も違う」と考えたのです。

たとえば、暗記が得意な子と、考える問題が得意な子では勉強法が違って当然です。そのために佐藤ママは、私の本を含めて、何十冊も勉強法の本を買ってきて、それぞれの子に試してみたそうです。

もし、**うまくいかなければ、また別の本に書いてある勉強法を試す**というわけです。そして、すべての子にとって「一番いい勉強法」が見つかったからこそ、四人全員が受験で成功したのです。

子どもが勉強に伸び悩んでいるとき、親は自分の子は頭が悪いとか、努力が足りないなどと考えがちです。しかし、実際は、子どもの勉強のやり方が悪かったり、塾や学校の教え方が悪いことのほうが多いのです。

自分の子は頭が悪いと思うことに、メリットは一つもありません。

佐藤ママが実践したように、いろいろな勉強法を試してみて、勉強ができるようになった子は、単に受験に強くなるだけではなく、あらゆる「**逆境に強くなる**」と言えます。その後の人生で、たとえ**うまくいかないことがあったとしても、別のやり方を試せばいいと考えることができる**からです。

これからの変化が激しい時代では、そのように柔軟に考えられる子が「心の強い子」と言えるに違いありません。

親に大切なことは、なるべく多くの情報を集め、うまくいかないときに、それを子どもに試す、それでもうまくいかないときは別のやり方を試すという姿勢です。

そのためには、「自分の子はきっとできるようになるはずだ」という信念も大切です。

子どもの人生を考えると、手抜きをしないで、集められるだけの情報を集め、やれるだけのことを試すような親にぜひなってほしい——。

佐藤ママの成功を見て、私はつくづくそう感じたものです。

3章

「自分に負けない心」は家庭で鍛えよう！

鉄則——
子どもが勉強している間は「テレビを消す」!

競争社会に負けない「心が強い子」を育てる——。

そのために、親が絶対に忘れてはならないことがあります。

それは、**「子どもが一番」**という親の愛情です。

当たり前のことのように思えるかもしれませんが、私が言う「親の愛情」の意味を履き違えている親御さんも見受けられるため、あえてここでページを割いて説明したいと思います。

子どもにとって特に重要なのは、母親の愛情です。

前述したように、「精神分析の祖」ジグムント・フロイトは、「母親の愛情を強く受けた子ほど、自分は成功するという確信を持ち続ける」と言っています。

私自身、母親の愛情をたっぷり受けてきたからこそ、親を喜ばせようと上昇志向を持ち続けることができたのです。

私が、灘中学校や東大に合格することができたのは、どんなときも私の味方でいてくれた「母親の気持ちに応えたい」という思いに支えられていたからだと思います。

逆に、親を泣かせたくないから、悪いこともできなかったという側面もありました。

誤解のないように言っておきたいのですが、「愛情」と言っても、それは決していわゆる「甘やかす」こととは違います。

親の愛情とは、**子どもが、厳しい競争社会を生き抜くための強さを身につけられるように、全力を注ぐ**ということです。

大人になったとき、一生食べるのに困らない「生きる力」を子どもに身につけさせることは、絶対に必要です。

そのための最良の方法が「学力をつける」ことにあるとすれば、親は子どもにきちんと「勉強をする」ことの大切さを教えなければなりません。

と同時に、子どもが勉強に集中できるような環境を整えることも重要です。

私の母は、決して子どもを甘やかすことはしませんでしたが、「子どもを大切に思う気持ち」は並はずれて強かったと思います。

決して裕福な家庭ではなく、どちらかと言えば、家計は苦しいほうでした。

しかし、私が中学受験を決意すると、きちんと塾に通わせてくれましたし、送り迎えを欠かさずしてくれました。

食事の時間についても、私の塾の時間にあわせて調整をしてくれたのです。

さらに、私が家で勉強をしている間は、母は決してテレビを見ようとはしませんでした。子どもが勉強を頑張っているときに、自分だけ楽しむわけにはいかないと思っていたようです。

こうした母の姿を見て、私は**「子どもと一緒に頑張るんだ」という親の本気**を感じたものです。

そして、それを貫きとおす母の姿勢に、「頑張らなければいけない」と励まされたのです。

子どもが壁にぶつかったとき――

心が強い子は、なぜ「受験にも強い」？

子どもが将来、厳しい競争社会を生き抜けるように、心の強さを身につけさせることは非常に重要です。

ですから、たとえ子どもが勉強やスポーツで苦しいことにぶつかり、泣き言を言ったとしても、親は決して感情に流されてはいけません。

「かわいそうだから」と、つい手を差し伸べたくなる気持ちはわかりますが、それでは子どもは自力で壁を乗り越える強さを身につけることはできません。

親ができることは、子どもの目の前にある障害物を取り除くことではなく、**子どもが自力でそれを乗り越えられるように励ましてあげる**ことなのです。

わが子がかわいいと思えばこそ、ときにはそうした厳しい態度が必要になることもあります。

残念なことに、その辺のことを誤解している人が少なくありません。

最近は、本当の意味で、子どもに対する親の愛情が不足しているのではないかと思います。

表向きは子どもの教育に熱心で、小学校から有名学校に入れようと受験を子どもに強いる親がいます。その中には、子どものためと言いながら、自分の虚栄心を満足させるために頑張っている人も見受けられます。

こういう親に、はたして「子どもへの本当の愛情」があるのかどうか、私には疑問です。

厳しいことを言うようですが、そういう親にとっては、子どもが有名私立中学校に入ることは、親の見栄《みえ》なのではないかと思うくらいです。

子どもはそうしたことに敏感ですから、親の思惑をすぐに見抜きます。

「勉強しなさい」という親の言葉が自分への期待や愛情から出ているのではなく、親自身の見栄や虚栄心から出ているのだとしたら……。

いったい、子どもはどう思うでしょうか？

最初は、親が言う通りに勉強をするかもしれません。

しかし、勉強をする本当の意味合いを教えなかったり、子どもが勉強をしている間、親が好き勝手に遊んでいたとしたら、いくら「勉強をしなさい」と言ったところで、子どもが納得できるはずはありません。

遅かれ早かれ、子どもは勉強をやめてしまうでしょう。

それだけでなく、やがて、気持ちまでもが親から離れていくのです。親子間のコミュニケーションの断絶は、こうしたところからはじまるケースが多いです。

逆に、子どもの将来を真剣に考え、子どもの教育に全面的に力を注ぐ親であれば、たとえ厳しいことを言ったとしても、親の気持ちは必ず子どもに伝わります。それどころか、子どもは一所懸命に親の気持ちに応えようと頑張るはずです。

子どもを変えたければ、まず親自身が変わることです。

親バカと言われようが、教育ママと言われようが、気にすることはありません。その愛情が、競争社会で負けない「強い子」を育てるのです。

「子どもが得意なこと」を見つけて、さらに伸ばす法

誤解を恐れずに言えば、いまの学校教育の問題点は、「できない子にあわせる」ことにあると思います。

前述したように、子どもが傷つくという理由から、テストの成績やスポーツの順位を明確にすることを禁止する、つまり、「競争」を否定するかのような学校教育の姿勢そのものが、子どもたちを伸ばす環境を奪っているのです。

順位を明確にしないことは、弱者を救済するための正しい措置のように見えますが、実は違います。なぜなら、子どもたちの「得意なこと」「適性」を見分ける機会をつぶすことになるからです。

たとえば、勉強はからきしダメだけど、走るのがものすごく速くて、運動会ではヒ

ーローになれる子がいたとします。

この子にとっては、自分が輝ける唯一の場は、運動会、つまり、体育の授業です。そこで輝けるからこそ、自分の存在意義も感じられるし、勉強など、苦手なことに向かっていく勇気も湧いてくるのです。

逆に、スポーツはさっぱり苦手だけど、勉強なら負けない、という子だっているでしょう。さらに、私のように、国語は苦手だけど、算数は負けないという子だっているのです。

勉強もスポーツの場合とまったく同じです。

「勉強なら負けないぞ」というプライドが、この子にとっての支えであり、頑張る原動力になるのです。

そういう子どもたちにとっては、何かの競争で負けたとしても、別の競争で頑張ろうという重要なモチベーションにつながるのです。

人は誰でも「自己愛」を持っています。「自己愛」とは、わかりやすく言えば、自分自身のことを大切に思う気持ちのことです。

ですから、どんな子でも負け続けることには耐えられません。自己愛が傷つくからです。

勝つためにはどうすればいいかと工夫したり、努力したりするのは、そのためです。もし、頑張っても勝てない状況が続いたとしても、では「自分が勝てるのは何か」を探すきっかけにはつながるのです。

つまり、**勝つにせよ負けるにせよ、「競争が子どもを伸ばす」**ということです。

ところが、競争はダメだと否定し、順位をあいまいにしてしまったら、その子にとって、「輝ける場」そのものが失われてしまいます。

と同時に、自分の得意なことに「気づく場」「伸ばす機会」を失うことを意味するのです。

これでは、子どもたちのフラストレーションが膨らむ一方です。本来、伸びる子も、伸びていけるわけがありません。

だから、何度も繰り返しますが、子どもから「勝ち負け」を競い合う場を奪ってはいけないのです。

私の場合、運動はまったくダメでしたし、協調性がなかったため、クラスのみんなと仲良くすることもできませんでした。ですから、ある面、残された道は勉強しかないような状況だったのです。

親もそのことはよくわかっていましたから、無理にスポーツを習わせたり、協調性を身につけさせるようなことはしませんでした。そのかわり、勉強ができるという私の適性を伸ばすような教育をしてくれたのです。

「苦手なことを得意にさせる」のも教育だと思いますが、「子どもが得意なことを見つける、得意なことをさらに伸ばす」のも教育です。

苦手なことを努力して克服することは非常に重要です。

私は、「努力をすれば何とかなる」といったものに関しては、断固として頑張るべきだと思います。

たとえば、いま鉄棒ができない子だとしても、頑張って練習をすればできるようになるのであれば、親は頑張らせるべきでしょう。

練習の結果、鉄棒が何とかできるようになれば、子どもは「頑張ればできる」と自信を持つことができますし、その経験は必ず他のことにも役立ちます。

ただ、私がどんなに頑張ってもスポーツはまったくダメだったように、その子にとって「努力をしてもどうにもならない」という不向きなものはあります。

そこを見極めることが、親の重要な役目だと思います。

子どもがどんなに頑張ってもできないことだとすれば、その**不向きなことに目をつぶるかわりに、得意なことを一点突破で伸ばす勇気を持つ**ことも必要です。

つまり、別のところで勝ち返せるように仕向けてあげるわけです。

いまの競争社会では、なんでもソツなくこなせる平均タイプの人より、何か一つ「人より抜きん出た武器を持つ人」のほうが評価されます。今後、ますますそうした傾向は強くなっていくように思います。

まんべんなくより、一点突破でいい——。

そのくらいの覚悟で、まずは親が子どもの本当の適性、得意なことを見極め、伸ばす教育を心掛けてください。

「学校で勉強してきたこと」を食卓で言わせよう

ここ最近、あきらめのよすぎる子が実に多く見受けられます。

たとえば、学校の授業で、ちょっとわからないことがあると、すぐに投げ出してしまい、勉強そのものを嫌いになってしまう子が多いのです。

授業でわからないことがあったとしても、何とか「わかろうとする」強い気持ちがあれば、いくらでも挽回することができます。

授業が終わったあとに先生に質問をすることもできますし、先生に聞けなかったとしても、家に帰って、親に教えてもらうことができるわけです。

そうした「強い心」を持っている子であれば、たとえ、いまは成績が良くなかったとしても、必ず成績は上がっていきます。

私が子どもの頃を振り返ってみても、**「心が強い子は、例外なく勉強ができる」**と言い切れます。

しかし、いま多くの子どもたちには、その気概が不足しています。つまり、苦手なこと、嫌なことに立ち向かっていく「強い心」が失われているのです。

ただ、それを学校や先生のせいだと言ったところで、何も解決しません。「ゆとり教育ムード」が厳然と残る学校に期待できないとすれば、親が家庭で教育をする以外にありません。

これまで私が、機会あるごとに、「家庭教育が重要だ」と説き続けてきたのは、そうした理由からです。

では、子どもが勉強でつまずいてしまったとき、勉強を嫌いになってしまったとき、親はどうすればいいのでしょうか？

私は、子どもが勉強でつまずく原因は、大きく分けて二つあると思います。

一つは、わからない箇所が出てきて、授業についていけなくなること。

もう一つは、テストの点数が悪かったことによって、「自分は頭が悪い」と思い込んでしまうこと。

学校では先生一人が、四〇人ほどの生徒に対して同じように教えます。先生が一人ひとり個別に指導をするわけにはいきません。

だから、わからないことがあっても、質問をしなければ、そのまま、授業が進んでしまうことになります。

このとき、先に述べたように、心が強い子であれば、先生に質問をしたり、親に教えてもらい、挽回することができるでしょう。

しかし、そうではない子、つまり、引っ込み思案な子や人前で発言をすることが苦手な子などに対しては、やはり親のサポートが不可欠なのです。

自分の子どもがいま、どんな教材を使い、どんな内容の勉強をしているのか。

何が得意で、何が苦手か――。

そうしたことをきちんと把握することが大切です。そのうえで、**子どもの勉強を親が見てあげる**ことです。

それによって、内容の理解度を把握することができますし、子どもがわからない箇所についても、教えてあげることができます。

子どもは、親のそうした姿を見ることによって、「自分が大切にされている」と実感し、勉強に立ち向かうことができるわけです。また、「教え方が変われば、自分はできるのだ」という実感を持つことで、自信が取り戻されます。

「一人たりとも落ちこぼれを出さない」システム

ところで、ここ最近、フィンランド教育が注目されています。

そのきっかけは、人口約五五〇万人の小国ながら、ＯＥＣＤ（経済協力開発機構）主催の学習到達度調査（二〇〇六年度）で学力総合一位（科学力で一位、読解力、数学力で二位）になったことにあります。

フィンランドの小学校では、一クラス約二〇人程度の少人数で授業を行なうのが一般的です。生徒たちは、自分に合った学習目標に向かって学習を行ない、先生は子どもの学習状況に合わせてフォローの役割をします。勉強が得意な子、苦手な子、それぞれの特性に合わせた、きめ細かな授業を行なえる点が特長です。

近年では、国連の関連団体が発表している「世界幸福度ランキング」で、二〇一八年から三年連続一位となったことからも、フィンランドの教育が注目されています。

これまで私は、フィンランドを実際に訪れ、その教育法の優れた点について調査を行なってきました。そこで何よりも感銘を受けたのは、「一人たりとも落ちこぼれを出さない」という授業カリキュラムでした。

たとえば、授業の途中で、四、五人程度のグループをつくり、わからないところを確かめながらお互いに教え合うのです。こうした時間が、原則的にどの授業でもついているため、生徒は「わからない点を確実に理解する」ことができるのです。

私は、フィンランドの教育水準の高さは、この補習制度にも秘密があるのではないかと思います。

このフィンランド式の補習制度を、日本の学校教育ですぐに応用することは難しいかもしれません。

しかし、それを家庭教育で実践することはすぐにできます。

前述したように、**「子どもの勉強を親がサポートする」**ということが、そのことにほかなりません。

親御さんが手間を惜しまず、子どもの勉強を見る――。

それによって、フィンランドの「落ちこぼれを出さない」教育と同じ効果が家庭で得られるのです。

頭がいい子の勉強時間は「学年×二〇分」

子どもが勉強でつまずくもう一つの原因は、「自分は頭が悪い」と思い込んでしまうことにあります。

よく、子どもが悪い点数を取ると、「なんでこんな点しか取れないの」などと頭ごなしに子どもを責める親がいます。

しかし、親からそう言われると、子どもは「自分は頭が悪いからやってもムダだ」などと思い込んでしまいがちです。

頭の良し悪しは、テストの点数では決まりません。

いまの小学校のカリキュラムであれば、正しいやり方で勉強をすれば、テストでいい点を取ることは決して難しくないのです。

要は、勉強のやり方がまずかったからテストの点数が悪かったのであり、決して頭の良し悪しの問題ではありません。

スポーツや芸術などに比べ、勉強は素質に左右される要素が少ないものです。それどころか、**勉強のほうが、よほど努力が報われる**のではないかと私は思います。

私の場合、スポーツが苦手な分、勉強を一所懸命にやりました。

スポーツはいくらやっても上達しませんでしたが、勉強は頑張れば頑張った分だけ成績が上がっていきました。それが、楽しくもあり、励みにもなったのです。

だから私は、勉強をすることが、それほど苦にはなりませんでした。どちらかと言えば、勉強をすることが当たり前という感覚を持っていました。

ここで、参考までに、小学生の勉強時間の目安をあげてみましょう。私は、**「学年×二〇分」程度でいい**と思います。

たとえば、いま子どもが五年生だとしたら、一〇〇分、つまり、一時間四〇分程度が勉強時間の目安ということです。

私の場合、小学校中学年のときは一日一時間、小学校高学年のときは二時間、そして、中学受験の半年前は、四～五時間程度、勉強をしていました。

ところが、そんな私にも勉強が嫌いになってしまった時期があります。灘中学校に入ってから、得意だったはずの数学の成績が落ち込むと、他の秀才たちと比べ、「自分は頭が悪いから」などと自分を卑下するようになったのです。

しかしその後、じつは成績が上がらないのは、勉強の仕方に問題があったことがわかり、思い切って勉強法をガラリと変えることにしました。

勉強法をどのように変えたかについて、簡単にご説明してみましょう。

まず、灘中学校に入学以来、常にトップの成績を維持し続けていた友達の勉強法を徹底的に観察することからはじめました。すると、次第にわかってきたのは以下の二点のことだったのです。

・「暗記勉強法」――つまり、英語であろうと、数学であろうと、「こうきたらこう答える」式に、出題パターンとその解き方を丸暗記する。
・「テストの点数に結びつくことだけ」を集中的に覚える。

子どもが「勉強でつまずいた」とき――

こうした要領のいい勉強法に切り替えたことによって、私の成績は見違えるように上がっていきました。

こうして、私は「頭が悪い」といった思い込みから解放され、自信を取り戻し、立ち直ることができたのです。

もし、子どもがテストで悪い点数を取ったときは、「決して頭が悪いからでも、素質がないからでもない。勉強のやり方がよくなかったからだ」ときちんと理解させることが大切です。

「勉強から逃げない心」がみるみるできる

勉強というのは、決して楽なものではありません。

むしろ、苦しいことのほうが多いでしょう。これは、どんなに勉強ができる人にとっても、同じだと思います。

では、勉強ができる子とできない子の差とは何でしょうか？

それは、**勉強から逃げない「心の強さの差」**だと言えるのではないでしょうか。

前述したように、子どもが将来、自分で稼いで幸せに生きていくためには、絶対に「学力」が必要です。ですから、子どもの頃から、しっかりと勉強をする必要があるわけです。

いくら勉強が嫌いであっても、いずれは必要になるときがきます。であるならば、「勉強は嫌いだ、苦しいから嫌だ」などと逃げているのは損です。

どうせやらなければならないのならば、勉強から逃げるのではなく、むしろ、「苦にならないような工夫」をしたほうが絶対に得なわけです。

そう考えられるのが、苦しさから逃げない「心の強い子」であり、勉強が「できる子」と言えるのではないかと思います。

では、つい勉強から逃げてしまう子に対して、親はどうすればいいのでしょうか？

それは、何よりも、**子どもに「勝つ経験」をさせる**ことだと思います。

勉強でも、スポーツでも、何かでいい成績を収めたり、人に勝つといった成功体験をすると、人は他の分野でもそうありたいと思うものです。それが、苦しいときに壁を乗り越える原動力となり、頑張る力につながるのです。

ですから、まずはじめに、好きな科目、得意科目を重点的に伸ばして、「やったら勝てる」という経験をさせることが重要です。

いくら勉強をしても、成績が伸びずに他の子に勝てないという経験ばかりでは、どんな子でもやる気や自信を失ってしまいます。

特に、小学生くらいの子どもの場合、「自分はできる」と自信を持たせることが非常に重要です。

勉強から逃げる子というのは、勉強に自信がまったくないわけですから、努力をした結果、失敗をしてしまうと、そこから立ち直るのは容易なことではありません。

それより、最初に「自分はできる」と思わせ、自信をつけさせることのほうが重要です。

「勉強ができる子」にするコツ

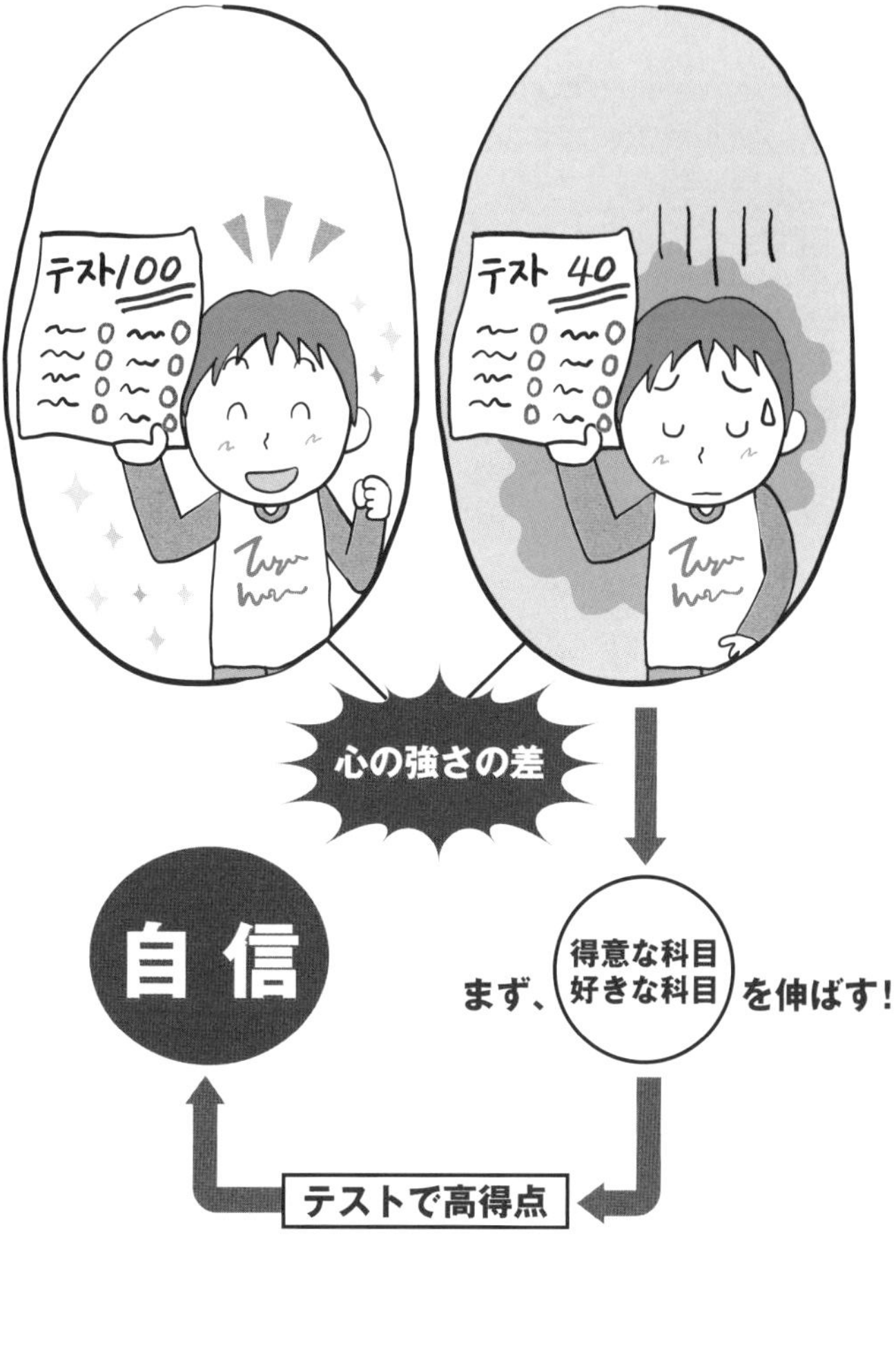

そのための一番いい方法は、「できた」という経験をさせることです。つまり、**好きな科目や得意科目で「いい点数を取らせる」**ということです。

好きな科目、得意科目であれば、それほど苦もなく勉強に向かうことができますし、テストでいい点数を取る可能性も大きいでしょう。

もし、テストでいい点数を取ることができれば、得意科目に対する自信はゆるぎないものになりますし、その自信が他の科目を勉強するうえで原動力となるのです。

全科目、まんべんなくやることも大切かもしれませんが、まずは得意な科目を伸ばし、その科目で勝つ経験をさせることのほうが効率的です。

私は小学生の頃から勉強が比較的得意なほうでしたが、算数などと比較をすると、国語が苦手で、特に文章読解の問題には苦労をしました。

国語の文章読解には、算数の公式のように、決まった型が通用しないところがあります。ある意味、センス的なものが必要と言えるかもしれません。そのため、中学受験のときも大学受験のときも、国語では苦戦を強いられました。

それでも、何とか国語の成績を人並にキープすることができたのは、「数学では負けない」という自信があったからにほかなりません。

数学のようにはいきませんでしたが、それでも、文章読解の問題を何問も解きながら、解答の傾向をつかむことができました。それが、数学ほどではないにせよ、国語の成績アップに役立ったと思うのです。

一科目でも勝った経験があれば、子どもはそれを励みに頑張ることができます。逆に、負ける経験しかしていないと、どうしても「またダメかもしれない」などとへこたれてしまうものです。

ですから、まずは子どもが得意とする科目を重点的に伸ばし、自信をつけさせることです。

苦手科目を克服するのは、それからでも遅くはありません。

目的意識
——「心が強い子」は体も強くなる！

学力低下だけでなく、子どもたちの「体力の低下」も問題です。

昔は、勉強をしなくても、外で元気よく遊ぶ子が多かったから、いまのようにちょっと体を動かしただけで、息があがるような体力のない子は少なかったように思います。

しかし、いまはテレビ、ゲーム、そして携帯電話が当たり前の世の中になったため、外遊びをする子が激減しました。

それが、子どもたちの体力の低下につながっているということが、盛んに論じられています。

地方では、車での移動が当たり前になっているため、かえって都会の子のほうが体力があるという説まであるくらいです。

いま、子どもを伸び伸び育てると言っても、なかなかそれが容易ではありません。私が子どもの頃であれば、野原を駆けまわったり、仲間と草野球をしたりして、自然と体を鍛える環境がありました。

しかし、いまは違います。

都市部に住んでいる子であれば、駆けまわる野山や、草野球をする原っぱはあまりありません。それ以上にいまの子どもは、外で遊ぶよりも、ゲームで遊ぶ子のほうがはるかに多いのです。

もはや、遊びで体を鍛えるという環境自体がなくなってしまっている、と言っても過言ではありません。

昔は、勉強ばかりしている子を「もやしっ子」などと揶揄《やゆ》しましたが、いまは「勉強をする子」のほうが体力があるくらいです。

ある中学受験専門の学習塾の調査によると、中学受験をする子としない子では、**受験勉強をする子のほうが睡眠時間が長い**というデータがあります。

やはり、学力向上のためには、早寝早起きをするほうが効率的ですし、それを学習塾では、きちんと子どもに指導しているのです。

その一方で、テレビやゲームなどに夢中になっているような子は、就寝時間が遅くなりがちで、慢性的に睡眠不足に陥っている子もいるそうです。

聞くところによると、小学三年生でも、夜中の一二時過ぎに寝る子がかなりいるというから驚きです。

これでは、体力がつく以前の問題です。ゲームや携帯が、健全な発育を妨げる原因と言ってもおかしくはありません。

いかがでしょうか？　いまの子どもたちの現状を書き連ねてきましたが、それらのことから、体力が「ある子」と「ない子」の違いがおぼろげながら見えてはきませんか？

いまの時代、塾であろうと、スポーツ教室であろうと、目的意識を持っている子のほうが、そうでない子と比べて、体力がある。

そう言っても過言ではないのです。

テレビやゲームを選ぶ子より、**塾やスポーツ教室を選ぶ子のほうが、競争で揉まれている分、絶対に「心は強い」**と言い切ることができます。

その差が、ひいては「体力の差」まで生み出しているわけです。

こうした世の中ですから、いまはある程度、親が子どもに何をさせるかを選んであげなければならない時代かもしれません。

それが塾であってもいいでしょうし、スポーツを習わせるであれ、音楽教室に通わせるであれ、なんでもいいのです。

子どもに「何をさせるかを選ぶ」のも親の仕事ということです。

4章

子どもの「意志の強さ」はしつけで決まる！

学校は「人間関係を学ぶ場」と考えよう

いまの学校は、「学力を伸ばす場」ではなくなってしまいました。

こんなことを言うと、驚く人もいらっしゃるかと思いますが、近年の公立学校は、そう言ってもおかしくない状況にあります。

前述したように、旧文部省がはじめた「ゆとり教育」によって、公立学校の授業時間が大幅に減ることになり、子どもの「学力低下」が叫ばれるようになりました。そうしたことの反省から、今度は「脱ゆとり教育」へと転換し、授業時間や学習量が増やされることになりました。

「ゆとり教育」が始まった二〇〇二年では、小学校六年間の授業のコマ数は五三六七でした。それが、「脱ゆとり教育」へと転換した二〇一一年からは五六四五コマになり、二〇二〇年からは、「ゆとり教育」が始まる前の五七八五コマに戻されることになったのです。

ただ、授業のコマ数が増えたとはいえ、いまの学校が「学力を伸ばす場」として十分に機能しているかといえば、残念ながらそうとは言えません。

いまの学校では、学力を重視するより、人間性を含めた総合力を重視する傾向が強いからです。

これは制度の問題でもあるのですが、「観点別評価」、つまり、各教科の学習内容をいくつかの観点ごとに評価する制度が導入されたことに原因があります。学力の評価が、テストの成績だけでなく、「関心、意欲、態度」といった、実にあいまいな基準で決まることになったからです。

人間性を含めた総合力を重視するのは結構ですが、はたしてそれが学力向上に結びつくかは、はなはだ疑問です。

実際、OECDが実施した学習到達度調査の結果では、二〇〇〇年の同調査では、読解力は八位、数学力は一位、科学力は二位だったのに対し、二〇一八年では、読解力は一五位、数学力は六位、科学力は五位という結果にとどまっているのです。

だから、もし、学力を身につけることを期待するのであれば、私は**学校ではなく、むしろ塾のほうではないか**と思います。

塾は基本的に能力別に編成されています。

学校の授業のように、先生が生徒全員に同じことを同じように教えるのではなく、一人ひとりの能力に応じた指導をすることができます。つまり、生徒に「わかる授業」をすることができます。

また、学校のように成績の順位があいまいなこともなく、塾ではその子の成績に応じて評価をされるシステムになっています。勉強を頑張ってテストでいい点数を取ることができれば、それがそのまま評価をされるわけです。

逆に、テストの点数が悪ければ、自分が努力をしていないからだと、子どもが納得できるシステムと言ってもいいでしょう。いずれにしても、子どもの学力を伸ばすうえでは理想的なシステムなわけです。

塾や予備校の中には、優れた先生の授業を衛星放送で全国配信をするところがあり

「強い心」は家庭で育てる！

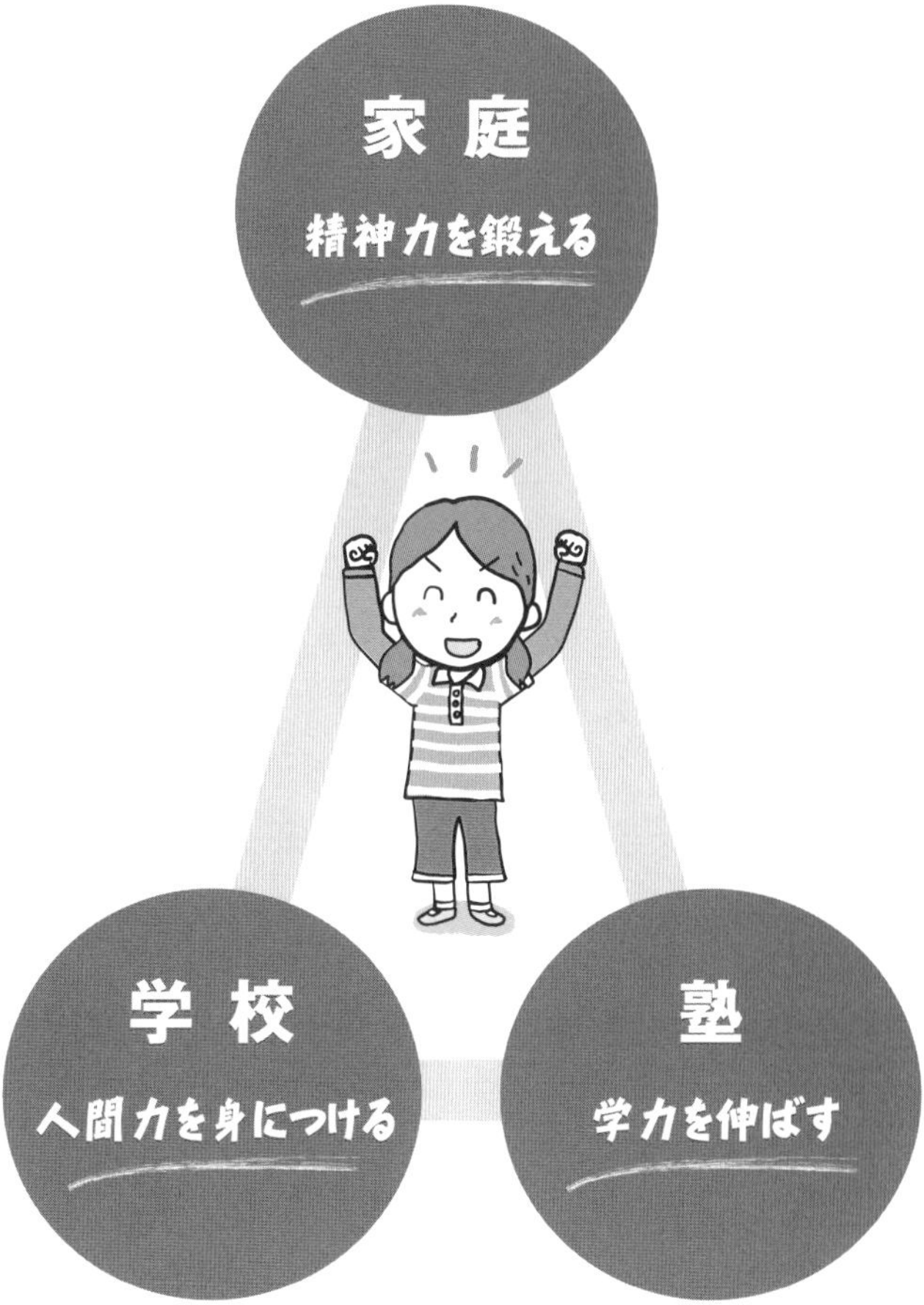
家庭
精神力を鍛える
学校
人間力を身につける
塾
学力を伸ばす

ます。そういうところの中には、全国どこにいても、パソコンを使って在宅学習をすることが可能なところもあります。

そうした意味で、学校にかわり塾が「学力を身につける場」になったと言えるかもしれません。

誤解をしていただきたくないのですが、学校が必要ないと申し上げたいのではありません。なぜなら、学校には、社会で生きていくための**「人間力を身につける場」**という意義があるからです。

人間力とは、他人と自分を相対化し、「自分を客観的に見る能力」と言い換えてもいいでしょう。

もう一度整理をしておきましょう。

・学校は「人間力を身につける場」。
・塾は「学力を伸ばす場」。
・家庭は「精神力を鍛える場」。

ということです。

幼児の頃は、親を含めた大人から優しく守られ、何かと自分の思い通りになりやすいです。

しかし、小学校に入ると、子どもは本格的に集団の中でルールを守りながら生活することを学びます。

当然、集団生活をするうえで他人と関わり合うわけですから、いさかいが起きたり、ときには仲間はずれが起きることもあるでしょう。

大人社会にも、いさかいや仲間はずれがあるのと何ら変わりません。つまり、**学校は「社会の縮図」**ということです。

私が、悪口や仲間はずれといった程度のことに神経質にならなくていいというのは、そうした理由からです。

たとえば、友達の悪口を言った子どもが、そのことが原因で、クラスのみんなから仲間はずれにされるという経験をしたとします。

仲間はずれにされるのは誰だって嫌なことです。だからこそ、その経験を通じて、

「こんなことを言ったら、人から嫌われるからやめよう」と、やってはいけないことを学ぶことができるのです。

それを頭ごなしに悪口はいけない、仲間はずれはいけないなどと否定し、それを取り除くようなことをしたとしたら、どうでしょうか？

子どもは、社会性や人間の機微を学ぶ大切な機会を失ってしまうことになるのです。

集団生活を営む学校の存在意義というのは、そうしたことを学べることにあるのです。

いずれ、子どもたちが社会に出れば、集団の中で働かなければなりません。その中で、ときには交渉でぶつかったり、陰で悪口を言われたりと、人間関係の摩擦がゼロになることは絶対にあり得ません。

だから、学校は、「人間力を身につける場」であり、**「社会を生き抜く力」を身につける準備の場**なのです。

親はそのことをきちんと理解しておく必要があるでしょう。

学校の先生に「頼っていいこと」「いけないこと」

いまの学校に、「学力を伸ばす」ことを期待できないのは、先生の責任ではありません。それは、制度の問題なのです。

ここ数年、先生たちの長時間労働が問題となり、忙しすぎる先生たちの実態が明らかになってきました。

いま、先生たちの作業量は、かつてないほど増えています。

文部科学省による「教員勤務実態調査（二〇一六年度）」を見ると、小学校教員の約三割、中学校教員の約六割が、月に八〇時間以上の時間外労働をしているといいます。

健康障害のリスクが高まるとされる「過労死ライン」は、月に八〇時間以上の残業とされていますので、いかに先生たちが過酷な状況にあるかがわかるでしょう。

国際的に見ても、日本の先生たちの労働時間は突出しています。

ＯＥＣＤが二〇一九年に公表した「国際教員指導環境調査二〇一八」によると、一週間の平均労働時間は三八・三時間でした。これに対し、日本の小学校教員の労働時間は五四・四時間、中学校教員では五六時間と、調査に参加した四八カ国・地域の中で最も多いことがわかったのです。

なぜ、これほどまでに先生の労働時間が多いのでしょうか？

一つは、観点別評価が導入されたことで、生徒たちに対する評価方法が煩雑になったからです。

テストの点数のように明確な基準ではなく、意欲や態度といったあいまいな基準で評価をするのですから、先生の負担が増えるのは当然です。

また、先生が子どもたちのレベルに応じてプログラムを考える「総合的な学習の時間」が導入されたことにも原因があります。

最近は授業のコマ数が以前より削減されたとはいえ、先生たちは教材の作成や研究などに相当な時間を取られています。

さらに、生徒指導や会議、保護者や地域からの要望・苦情などへの対応といったように、学習以外の業務も急激に増えています。

これでは、**先生たちに過大な期待をするのは酷**です。

先生だって、私たちと同じ生身の人間です。ときには、腹を立てることもあるでしょうし、当然、ストレスだってたまります。

このような状況におかれている先生に、親たちが過度な期待をすれば、それだけ先生の負担は増し、ストレスも積み重なる一方です。

ストレスが限界に達すれば、先生がやる気を失ったり、冷静な判断をできなくなることだってあり得ます。

考えてもみてください。学力低下を何とかしろ、いじめをなくせ、などと先生に詰め寄るのは簡単です。

しかし、逆にそのことが先生を追い詰めることになるとすれば、今度はそのしわ寄せを子どもたちがかぶることになるのです。

これでは、何のために先生にお願いをするのかわかりません。

教育政策が変わり、先生の数がもっと増えれば別ですが、いまの状況では、先生たちに、じっくりと子どもとつき合っている時間はありません。

だからこそ、学校や先生に任せっきりにするのではなく、**親が子どもをしっかりと守ることが重要**なのです。

「毎朝、きちんと挨拶させる」だけで変わる

子どもは「自由に伸び伸びと育てる」べきでしょうか？
それとも、「ルールで縛りながら育てる」べきでしょうか？
結論から言いますと、**子どもはルールを決め、それを守らせるほうが伸びる**ことが

明らかになっています。

私が子どもの頃のことを振り返ってみても、母から勉強をしなさいと言われなかったかわりに、礼儀や言葉遣いといったしつけ、つまり、家庭でのルールを厳しく教え込まれました。

ここで、いくつか例を挙げながら、その意義について述べてみたいと思います。

まず、「きちんと挨拶をする」ということです。

朝起きたら、親の顔を見て、「おはようございます」としっかり挨拶をする。

何かを頼むときは「お願いします」。

何かをしてもらったときは「ありがとうございました」と言う。

こうしたことは、親子であろうと「当たり前の礼儀」としてしつけられました。

また、人に迷惑をかけたり、社会のルール・マナーに触れることは絶対に許されないことだと教わりました。

たとえば、小学一年生の頃から、私は電車の中では、絶対に立っていなければなりませんでした。座席は、お年寄りや体が悪い人に譲りなさいと教えられていたからです。

また、電車などの公共機関で、大声ではしゃぐようなことも厳禁でした。人様に迷惑がかかるからです。

もし、そのようなことをすれば、周りに人がいようといまいと、母に厳しく叱られたことを覚えています。

さらに、小学生の頃から、「学校で決められていることは、絶対に守らなければダメだ」ということを盛んに言われました。

たとえ子どもだろうと、社会の一員であることに変わりはない。だから、ルールは犯してはならないというわけです。

前述したように、私が灘中学校に通っていた頃、一部の生徒の間で、弱い者いじめが流行《はや》ったことがありました。意味もなく一人の生徒を標的にし、仲間はずれにしたり、嫌がらせをしたりする生徒がいたのです。

私のクラスにも、「あいつもやっているから」と安易に弱い者いじめに加勢する生徒がいました。

しかし、私に関して言えば、自分自身が嫌がらせを受けていたこともありますが、

いい親ほど「挨拶を徹底させる」

いじめに加勢することなど、想像もできませんでした。

たとえ、私以外のクラスの全員がいじめに加わったとしても、私は絶対にやらなかったと断言できます。

それほど、母の教えが体に染み込んでいましたし、逆に、それをしてしまったら、母への裏切り行為のような気がしていたからです。

とにかく、私の母は、勉強ができるからといって、子どもを甘やかすようなことは一切ありませんでした。

小学校に入るか入らないかの頃から、**母から行儀やマナーについて厳しく言われていたことは、その後の私の生き方に大きな影響を及ぼした**と言っても過言ではありません。

ここ最近、まるで友達同士のような親子――もちろん、この場合、子どもは中学生か高校生なのですが――の姿を見かけることも少なくありません。

しかも、私が気になるのは、たまたま「友達同士」に見えるのではなく、親のほうから意図的に友達同士のような関係をつくっているケースが多いことです。

非常に不思議なことに、自分の息子や娘と「友達同士」になることを喜ぶ親が増えているのです。そこにあるのは、親であることより、楽しい友達でいたいという、自己中心的な思いです。

そんな親に、子どものしつけができるでしょうか？

そうした親子関係であっても、きちんと礼儀や社会ルールを教えられるのであれば問題はないかもしれません。

しかし、どうも私にはそう思えないのです。

一〇代、二〇代の若者を中心に、挨拶ができない人が増えていると言われますが、それは、まさしく「家庭教育の甘さ」が招いた結果に違いないのです。

「ルールを守ることを教える」のが教育の本質です。

大人社会のことを考えてみれば、何も特別なことではありません。会社にせよ、スポーツの世界にせよ、ルールを守れなければ、ペナルティを科せられるのは当然のことだからです。

「お父さんは怖い！」が一番いい

「エディプス・コンプレックス」という言葉を聞いたことがあるでしょうか？

ギリシア神話に出てくる悲劇の一つ『オィディプス』（エディプス王）になぞらえ、フロイトが子どもの母親に対する近親相姦的な欲望のことを、そう唱えました。

ちなみに、『オィディプス』は、実の父親と知らずに父を殺し、実の母親と知らずに母と結婚するエディプス王の生涯を描いた物語です。

この物語から、フロイトは男の子は四、五歳になると母親に対する愛情が段々に高まってきて、「パパなんか死んでしまえばいい」「僕はママと一緒になるんだ」と横恋慕《よこれんぼ》する気持ちを持つと言いました。

これが「エディプス・コンプレックス」です。

それに対し、父親は「おちんちんを切っちゃうぞ」と脅し、子どもにその気持ちをあきらめさせます。つまり、父親が子どもにとって「理不尽な壁」となって立ちふさがるのです。

じつはこの後のストーリーが重要です。フロイトは子どもの心の発達において、父親への対抗心が必要だと考えました。

子どもは、ただママをあきらめるのではありません。「いつかはパパのようになってママと結婚したい」という願望を持ち続け、父親の壁を乗り越えようと、悔しさをバネに自らの頭と体を鍛えようとします。**その意欲が自然と湧くように、親が仕向けることが重要**だというわけです。

ところが、最近では「子どもに理不尽な壁となる存在」「子どもが乗り越えるべき存在」のはずの父親の姿がめっきり少なくなりました。

ものわかりのいい父親が多すぎるのです。

子どもからの反発を嫌い、子どもの「お友達」になろうとしたり、「第二のお母さん」のような存在になっています。

これでは、子どもの心が弱くなるのも仕方がないのかもしれません。

エディプス・コンプレックスの理論では、ママを独占したいという子どもの欲求に対して、理不尽な大人の代表であるパパが強大な壁として立ちふさがります。脅された子どもは理不尽だと思いながら、圧倒的に力の強い父親の前ではあきらめざるを得ません。

すると、ママを横恋慕しながらパパを憎みつつも、性欲が抑え込まれていく。これがフロイトの発達モデルで言う「潜伏期」です。

要するに、理不尽な大人の存在によって、ある種の欲望を抑え込み、頭と体を鍛えるというのがエディプス・コンプレックスの本当の意味です。

そこで父親が頼りなかったり、妙にものわかりがよすぎたりすると、コンプレックスが解消されません。

父親が子どもの心に入って、道徳観を植えつけることもできないため、ちゃんとした大人に成長しないというのがフロイトの考え方です。

この時期に子どもは自発的に学ぼうとする意欲を持ちはじめるため、しつけや教育

父親は「怖い存在」と思わせる

子どもの心が成長しない

子どもの心がグングン成長

に最も適した時期とされています。

つまり、父親が理不尽な要求を突きつけて、子どもの心に強さを植え付ける絶好のチャンスなのです。

要するにポイントは、父親の理不尽な要求が、実は子どもの成長にも役立つということであり、**父親は理不尽で、怖い存在でいい**ということです。

昔の賢い母親は、そんな父親の存在の意義を知っていたので、「言うことを聞かないと、お父さんに叱ってもらうわよ」と父親を「伝家の宝刀」のように利用しました。宝刀を抜かずに、子どもにちらつかせて屈服させるわけです。

そうすると、ますます父親が怖くて理不尽な存在となって立ちはだかり、伝家の宝刀の効き目が増すのです。

ところが、母親が父親の役割を勘違いして、母親と同じ目線で父親を子育てに参加させるようになると、伝家の宝刀どころか、母親よりも怖くない存在として、子どもは父親をなめきってしまいます。そのことは、子どもの心の成長にとってはマイナスなのです。

子どもが学校で仲間はずれをされているようなときも、父親の役割は重要です。

母親はついつい根ほり葉ほり細かいことまで聞いてしまいますが、それを話すことが苦痛な子どもは黙ってしまい、それ以上、話せなくなります。

そこで、日頃あまりものを言わない父親が、ひと言「学校はどうだ？」と聞くことで、子どもが話し出すことも現実としてあります。

子どもと接する時間の多い母親より、**接する時間の少ない父親のほうが、かえって話しやすい場合もある**のです。

それに、日頃、子どもと接する時間が少ない父親のほうが、距離を置いて、冷静に事実を受け止めることもできます。

ぜひ、お母さん方は、家庭の中でもっとお父さんを立てて、伝家の宝刀として十分、活かされることをお勧めします。

「意志が強い子を育てる」七つの習慣

親が子どもに礼儀を教え、社会のルールを叩き込むことはとても大切なことです。そのための第一歩が、私は「**家庭でルールを守らせること**」だと思います。

私自身の経験で言えば、家で子どもに以下の七つのルールを守らせることを徹底していました。

一、きちんと「挨拶をする」。
二、人に「暴力をふるわない」。
三、絶対に「嘘をつかない」。
四、「隠し事」をしない。

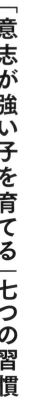

五、「自分で決めた約束」は必ず守る。
六、悪いことをしたら「素直に謝る」。
七、決まった「規則（校則・法律）を守る」。

もう、お気づきの方もいらっしゃるでしょう。

これらに共通するのは、いずれも、**「人と人とが信頼関係を築くための最低限の礼儀」**であり、**「社会を生きるうえで必要な暗黙のルール」**ということです。

どんな人も、一人で生きていくことはできません。社会に出て働くようになれば、上司や同僚、取引先の人など、好き嫌いにかかわらず、必ず人と接しなければならないのです。

そのとき、先に述べた「挨拶をする」ということは、人間関係を円滑に進めるために必要な最低限の礼儀です。それをできないような人は、たとえどんなに優秀であろうと、大人社会では絶対に通用しません。

これについて、私が意識したのは、「挨拶をする姿」をなるべく子どもに見せるということでした。

たとえ、自分より目上の人だろうと、年下の人だろうと、変わらぬ態度できちんと挨拶をする。

その姿を通じて、子どもに礼儀の大切さを教えようとしたのです。

「人に暴力をふるわない」ということは、説明をするまでもないことですが、子どもが小さいうちに、「暴力は絶対にいけないことだ」と徹底的に教え込むことが大切です。暴力に訴えることがクセになってしまってからでは治りづらいからです。

暴力をふるうとは、相手を肉体的に傷つけるということですから、それが許されるはずはありません。

それに、子どもと言えども、人を殴ったり蹴ったりすれば、当たり所によっては、相手に大怪我をさせてしまう場合もあります。

つまり、子どものうちの悪口を言ったりするレベルの言葉の暴力とは違い、肉体的な暴力は取り返しがつかない事態を招く危険性があるということです。

その意味でも、「人に暴力をふるわない」ということは、子どものうちから徹底して教えるべきだと思います。

とは言え、口で説明するだけではわかりづらいこともあります。

私の家庭で実際にあった例でご説明しましょう。

娘がまだ幼い頃の話ですが、一緒に遊んでいた男の子があまりに強情なタイプだったため、娘が思わず男の子の腕に噛みついてしまったことがありました。

そのとき、私の妻は、みっちりと叱っただけでなく、容赦なく娘の腕に噛みつき、「痛いでしょ」と言ったのです。

「暴力というものは、相手が受けた痛みを教えないとわからない」という信念のもとにそうしたわけです。実際にそれ以来、娘は二度と人に暴力をふるうことはなくなりました。

思春期の子になりますと、親に嘘をついたり、隠し事をするようなケースが出てくるかもしれません。仕方のない面もあるかもしれませんが、基本的に嘘をつくことは絶対によくないことと教えましょう。

「親子の約束事」を決める
——責任感を育てる法

「嘘をつかない」とは、自分や相手を「裏切らない」ということです。
「嘘をつく」とは、「真実とは違う偽り」を言うことであり、正しい行為ではないからです。

そもそも、**嘘をついて一番損をするのは子ども自身**です。「ばれるんじゃないか」と不安な気分を抱えながら過ごすわけですから、気持ちがスッキリしないどころかどんどんストレスがたまり不快な思いをすることになるのです。

だから、自分が損をしないためにも、「嘘をついてはいけない」と教えるべきなのです。

「隠し事をしない」ということも、同じです。

親に「隠し事」をすると、それを隠し通すために、嘘をつくことになります。一度嘘をつくと、嘘をつき通さなければならなくなり、嘘を嘘で塗り固めることにつながります。

それは、先ほど述べた通り、子どもにとってとても「不快」なことです。ですから、隠し事をせず、正直に話すことの気持ちよさを教えるのです。

「約束は必ず守る」ということは、相手が誰であれ信頼関係を築くうえでとても大切なことです。ただ、**子どもの場合、「自分で決めたことを守らせる」という点が重要**だと私は思います。

自分で決めた約束とは、親が強制的に守らせる約束とは違い、「言ったことは、必ず守る」という自主性・責任感を育てることにつながります。

だから、どんな約束も大切ですが、まずは「自分で決めた約束を守る」ことから徹底させるようにしたほうがいいでしょう。

それができれば、子どもは自分に自信がつき、自主的に物事に取り組んだり、最後までやり遂げる責任感を持つようになるのです。

これについては、「親の側も約束を守る」ということが大切だと思います。

たとえば、「テストで九〇点を取ったら、ごほうびにゲームソフトを買ってあげる」と約束をしたとします。

このとき、仮に子どもの点数が八九点だったとしたら、約束通りゲームソフトはお預けにしなければなりません。そして、「惜しかったね。次は必ず九〇点以上取れるように頑張ろうね」とリベンジに向かわせることが大切です。

逆に、感情の行き違いで子どもと口論をしたときでも、子どもがテストできちんと九〇点を取ってきたら、約束通り、ゲームソフトを買ってあげるべきなのです。つまり、感情に流されるのではなく、「約束は必ず守らなければならない」という大人社会では当然のルールを教える必要があるのです。

悪いことをしたら「素直に謝る」――。

これは、子どもに「いい・悪い」の基準を教えると同時に、「きちんと謝罪をすれば、取り返しがつく」ことを教えるという意味もあります。

どういうことか説明しましょう。

子どもに「人間関係のルール」を教える

「家庭のルール」七カ条

一．きちんと「挨拶をする」。

二．人に「暴力をふるわない」。

三．絶対に「嘘をつかない」。

四．「隠し事」をしない。

五．「自分で決めた約束」は必ず守る。

六．悪いことをしたら「素直に謝る」。

七．決まった「規則（校則・法律）を守る」。

たとえば、子どもがリビングで悪ふざけをして、母親が大切にしていた花瓶を割ってしまったとします。このとき、子どもが悪いことをしたと素直に認め、きちんと謝ってきたら、親は許すべきです。

さらに言えば、**隠し事をせず、子どもが素直に謝ってきたことに対してほめてあげるべき**なのです。

そうしないと、子どもは「悪いことをしてしまったら、取り返しがつかない」などと思い込み、かえって親に嘘をついたり、本当のことを隠したりするようになってしまうからです。

それは、失敗を恐れるあまり、チャレンジできない消極的な子を生むことにもつながります。

ですから、そうしたことを防ぐ意味でも、悪いことをしたら「相手に謝り、許してもらう」経験をさせることが大切だと思うのです。

「規則（校則・法律）を守る」ということは、社会の正当化されたルールです。学校であれ、会社であれ、規則を破ったらペナルティを科されるのは当然です。

私の親は、「私が変わり者だ」ということは許容してくれましたが、社会の決まり事、ルールに反することは断じて許しませんでした。

よく、「学校の成績が優秀でありさえすればよい」という価値観を持つ親がいます。勉強さえできれば、子どもが校則を破っても、厳しく叱らないような親です。

私は、そうした親の姿勢には絶対に反対です。

テストの成績が優秀であろうとなかろうと、社会の規則、人間関係のルールを守らなければならないことに変わりはないからです。

だからこそ、子どもに「人間関係のルール」を教えることが大切なのです。

ただ私は、仲間うちで何となく決まっているあいまいなルールや、無定見な教師がコロコロ変えるルールは、気にしなくていいとも言っています。それも大人の世界と同じだと思っているからです。

それも含め、**「人間関係のルール」を教えることは、どんな競争社会をもたくましく生き抜く強い心を育むことにつながる**のです。

「ルールを作る」と子どもは伸び伸び育つ！

「ルールを守らせる」と、子どもは伸びる。

これは、歴史を振り返ってみても明らかです。

かつて、欧米を中心に、自由放任、個性尊重の教育が全盛だった時代があります。

しかし、その教育がものの見事に失敗に終わったことは、実はあまり知られていません。

これは、いまの日本の教育の問題点や、子どもの精神面の弱さを考えるうえで、非常に参考になります。

そこで、その経緯を簡単に振り返りながら、子どもの教育に何が必要か、親は子どもにどう接すればいいかについて述べたいと思います。

前述したように、「精神分析の祖」と言えば、ジグムント・フロイトです。そのフロイトの娘、アンナ・フロイトや、その弟子であるエリク・H・エリクソンら、著名な心理学者たちが、かつて、「思春期の子どもは自由にしたほうが精神的な成長によい」と主張したことがありました。

子どもを親や先生などの言いなりにせず、自由に振る舞わせるべきだと述べたのです。

これが教育界に大きな影響を与え、六〇年代の欧米による自由放任や、個性重視教育の理論的支柱となっていきました。

アメリカでは、「ルール」を教えるよりも「個性と自主性」が重んじられ、校則も制服もなく、宿題も出さない。試験も極力やらない。学びたい科目を自由に選択して単位が足りれば卒業できる「カフェテリア方式」が生まれたのです。

ところが、こうした**自由放任教育は大失敗**に終わります。**子どもたちの心を荒廃させることにつながった**のです。

八〇年代後半には一八歳未満の家出が一〇〇万件を超え、一五歳までの子どもの三分の一が麻薬に手を出し、一六歳未満の売春が八〇万人という悲惨な状況に陥りました。学力低下も深刻になり、一七歳の子どものなんと一三パーセントもが日常の読み書きができないレベルであることも判明したのです。

子どもを自由にして、自主性を大切にした結果が、これです。

ところが、驚いたことに日本はこの失敗だらけのアメリカの自由放任教育を理想とし、日本の教育制度に取り入れました。それが「ゆとり教育」です。

しかし、その結果、校内暴力やいじめを生み出し、大幅に子どもたちの学力低下を招いたのは周知のとおりです。

ちなみに、「カフェテリア方式」の深刻な失敗に気づいたアメリカは、その後どうしたでしょうか？

「カフェテリア方式」は捨て去られ、**ルールと知識詰め込み重視の教育に大転換した**のです。そして、皮肉にもその手本が、ゆとり教育を導入する前の日本の教育システムでした。

もう、おわかりでしょう。

子どもを自由にさせていいことなど、何ひとつありません。

むしろ、ルールで子どもを縛ったほうが、精神的にどれだけよいか、理解する必要があるでしょう。

残念ながら、いまの学校にそれは期待できません。

しかし、だからこそ、親が家庭でルールを決め、それを守らせることを徹底させる。

そうした家庭における管理教育が必要なのです。

「嘘をついてはいけない」というルールをつくったとしたら、たとえそれがほんの些細な嘘であったとしても、親はきちんと叱ることが必要です。

やっていいことと、悪いことを教えるのが教育です。それをあいまいにしてしまっては、子どもは善悪をきちんと区別する機会を失ってしまいます。

それに、本来、子どもはいいことをした場合にはほめてほしいと思い、悪いことをしたとわかっている場合には、叱られるのが当たり前という気持ちを持っているものです。

それにもかかわらず、叱られるべきときに、叱られなかったとしたら、子どもは混乱をしてしまいます。

ですから、嘘をつくのであれ、友達に暴力をふるうときであれ、子どもが悪いことをしたときは、きちんと叱ることが必要なのです。

少々専門的な話になりますが、心理学の中に、行動理論というものがあります。どういうことかと言いますと、いいこと（適応行動）をしたら、きちんとほめ（賞を与える）、悪いこと（不適応行動）をしたら、厳しく叱る（罰を与える）。それを徹底することで、ルールを身につけさせるということです。

不適切かもしれませんが、犬をしつける際のやり方を例に説明してみましょう。

「叱る」ときは、「きっちり叱る」

➡「してはいけないこと」がわかる

➡「いいこと」「悪いこと」があいまいに！

犬がきちんと言いつけを守れたらごほうびにエサをあげ、守れなかったら頭をコツンと叩く。それを繰り返すことで、犬にルールを教えることができるのです。

子どもにルールを教えるのも、根本的にはそれと同じこと。親が、きちんと「賞罰を教える」ことで、子どもは「いい・悪い」の基準を身をもって学ぶことができるのです。

148ページで、家庭で子どもに守らせるべきルールの例をあげました。それを参考にしながら、各ご家庭でルールを決め、それを子どもに徹底させるようにしてください。

子どもの将来は、親であるあなたにかかっていることを、肝に銘じてください。

5章

「やればできる！」と子どもに信じさせる法

小学生に「職業観を教える」一番いい方法

人間は誰しも、自分が考えやすいように考える傾向があります。

どういうことかと言いますと、たとえば、スポーツが得意な子であれば、「プロスポーツ選手が一番すごい」と思うものなのです。

自分が勉強が得意であれば、一流の大学を卒業し、ビジネスや学問の世界でバリバリ活躍しているような人に憧れを持つということです。

ですから、親としては、まず子どもの得意なこと、興味があることを見極め、**子どもの「こうなりたい」という価値観を伸ばす教育を心掛けたい**ものです。

本来、人の価値観というものは、自然と形成されていくものです。自分の得意なこと、やりたいことが明確になっているような心の強い子であれば、親はそれを見守り、

「勉強ができる子」にする法

子どもに「親の価値観」を伝える

応援してあげればいいわけです。

ただ最近は、自分が得意なことはもちろん、やりたいことがわからないといった子どもも少なくありません。

それも、心の弱さが原因だと私は思っています。

たとえ、小学生であろうと、心が強い子は、「夢」や「なりたい自分」をしっかり持っているものだからです。

ただ、自分がやりたいことがわからないような子に対しても、親がそのヒントを与えてあげることはできます。

たとえば、**勉強ができる子になってほしければ、まず、親が勉強ができることは素晴らしいという価値観を持つこと**です。

子どもを医者にしたいのであれば、「人の命を救うことができる医者は立派だ」ということを親が子どもに教えるのです。

いずれにせよ、親が子どもにうまく価値観を植えつけ、将来の方向づけを行ないたいものです。

本棚には必ず「偉人伝」を置こう

心の強い子を育てる――。

そのためには、親が子どもに価値観を伝えることと同じように、私は子どもに**「偉人伝」を読ませることも大切**だと思います。

なぜなら、偉人伝には人一倍苦労をし、つらい思いをしながらも、それをバネにして逆境を跳ね返し、ついには成功した人たちの話が描かれているからです。

たとえば、世界的に有名な細菌学者である野口英世の話があります。

英世は、子どもの頃、囲炉裏に落ちて火傷を負い、左手の指がくっついたまま棒のようになったことから、小学校で「てんぼう」とバカにされました。

それがつらくて、英世は学校をずる休みするようになりましたが、母親は「人に笑われたぐらいでくじけるな。学問の力で見返してやれ」と励まします。

そこから、英世は勉強に励み、優秀な成績を上げ、周囲の援助もあって、医学の道へと進むことになるのです。

火傷という不運からいじめられた英世が、まさにお母さんの絶対的な支えで立ち直って、偉大な細菌学者になったのです。

ちなみに、野口英世の生涯については、異説も唱えられています。

しかし、少なくとも、子どもの心を動かす話としては、このようなストーリーを子どもに教えるのが賢明だと思います。つまり、こうした偉人たちの話を知ることは、子どもが将来を考えるうえで大きなプラスになるということです。


「どんな境遇にあろうと、頑張れば成長できる」


偉人伝は、そのことを実在の人物たちの物語を通して、教えてくれるのです。

なかには偉人伝に出てくる人にあこがれて、医者や科学の道を選ぶ子が出てくるかもしれません。

社会に役立つことに意義を見出す子もいるかもしれません。

本を通じて、偉人たちが、子どもに「負けない強い心」を植えつけてくれるのです。

前述したように、人は、誰もが自己愛を満たそうとする生きものです。

自己愛とは、文字通り「自分で自分を大切に思う状態」を指しますが、精神分析理論では「他人から愛されたい欲求」をも含まれています。

よちよち歩きをはじめて、母親が大喜びでほめたたえると子どもは自己愛が満たされます。そして、もっとほめてもらえるように、頑張って歩くのです。

誰しも自分は「立派だ、偉い、賢い」と思いたいのは当然です。人が不安に打ち勝つ安定感を得るには、人から愛されることが重要だということです。

偉人や有名人、親、先輩などの生き方を見て、**自分の理想としてあこがれることも自己愛のひとつの形**です。

「お父さんのようになりたい」「メジャーリーグで活躍している大谷選手みたいになりたい」といったイメージが明確にあれば、自分を理想の方向に持っていこうという力が働くのです。

つまり、偉人伝によって自分の理想を持ち、自己愛を満たし、簡単にはくじけない心の安定感を得ることができるのです。

魔法のひと言 ——「ここで立ち向かわなきゃ駄目よ」

「嫉妬」というと、たいていの人が悪い印象を抱くようです。

実は、嫉妬には「いい嫉妬」と「悪い嫉妬」があるのです。

いい嫉妬とは、**競争に打ち勝ってやろうという「ジェラシー」（見返し型嫉妬）**のこと。悪い嫉妬とは、**人の足を引っ張る「エンビー」（破壊型嫉妬）**のことを言います。

ジェラシーは、エディプス・コンプレックスの際に子どもが絶対的に強い父親に対して抱くような感情のことです。父親を乗り越えたいという気持ちが、子どもの学力、体力、そして精神力を伸ばす原動力となるのです。

一方、エンビーは自分にはない才能や能力を持っている友達を憎らしいと思って、陰口を言ったり、足を引っ張ったりして、自分よりおとしめようとする感情のことです。

たとえば、仲間はずれをする相手に対して、**頑張っていつか見返してやるというジェラシーの感情が湧くと、子どもは自然と伸びていく**ことができます。

しかし、エンビーにとらわれると、いつかは逆に仲間はずれをし返してやるというように、恨みや報復の感情に支配されたり、事故でケガでもすればいいのにと、破滅型の怨念《おんねん》に陥ってしまいます。

だから、子どもが仲間はずれにされたり、苦しいことがあったとき、ジェラシーで乗り越えていけるように子どもを支えるのが親の役目です。

ちなみに、ジャーナリストの櫻井よしこさんと私は、かつて共著で『日本の病　正常な国への処方箋』(ＰＨＰ研究所)という本を出しましたが、櫻井さんも子どもの頃やニュースキャスター時代にいじめを受けたことがあるそうです。

櫻井さんはこの本の中で、いじめられたら相手を見返すジェラシーの大切さをこう述べています。

「学校でいじめがあったとき、いじめちゃいけないと、厳しくいじめる側の子どもを怒ると同時に、いじめられている子にしっかりしようね、これは人生の一部なんだよ、ここであなたが立ち向かわなきゃ駄目だよ、先生は、または親は、君を助けるからね、ということを外国では徹底して教えるのです」

私もまさにその通りだと思います。

「ここで立ち向かわなきゃ駄目だよ」と子どもを励ましながら、そのために先生や親は**「君を助けるからね」**と支えることを約束する。

こうした先生や親のサポートが子どもをエンビーではなく、ジェラシーの気持ちにさせるのです。

人は他人と違っているからこそ面白いし、社会は、その違いによって人の価値を認めるのです。

子どもが苦しいことにぶつかったとき、親は「ここが踏ん張りどころだよ。負けずに頑張れ」などと、それをジェラシーによって見返す力に変えられるように励まし、支えてあげてください。

子どもの競争心を刺激する

いい嫉妬＝心が強くなる

悪い嫉妬＝心が弱くなる

「スマホのルール」は親子で決めよう

スマートフォンやゲームでしかつき合えないような友達ならば、必要ない——。

あなたが親だったら、子どもにそう伝えるべきです。

最近は、スマホやゲーム機を持っていないことで、仲間はずれにされるケースがあるそうです。仲間はずれにされるのを恐れるがあまり、他の子と同じようにゲーム機を揃える子も多いと聞きます。

しかし、しょせんスマホやゲーム機でしかつながれないような友達は、**「建前の仲良し」**にすぎません。

そんな友達が、いったいどれほど重要だというのでしょうか。

本当の友達ならば、一人ひとりバラバラになってゲームをするより、お互いに話をしたり、一緒に遊ぶほうが楽しいはずです。

塾ではゲームを持っていなくても仲間はずれにはなりません。ゲーム機でつき合う友達など塾では必要ないからです。

スマホやゲームでしかつき合えないような「建前の仲良し」を続けているとどうなるかと言えば、**「スケープゴーティング」**（身代わり、いけにえ）という悪い現象が起きやすくなります。

スケープゴーティングとは、グループの中である人がちょっとしたうかつな発言や変わった行為をすると、周りで寄ってたかって非難する。あるいは、気に入らない人がいると、その人を無視して話を進めるなど、一人の人間をスケープゴートにしてグループがまとまろうとする行動です。

大きな理由はなくても、特定の一人を攻撃することで、残りのメンバーが連帯感や精神的な安定を得ようとする心理的な現象なのです。

複数のメンバーが一人をいじめることもスケープゴーティングの一種です。

「建前の仲良し」はお互いに本当の親友同士ではありませんから、ちょっとしたことで一人のメンバーをスケープゴートにするようになります。そうすることで、残りのメンバー同士の結束が固まったような幻想が持てるからです。

「みんな仲良し」を大人が強制すればするほど、仲間はずれをつくりやすい土壌ができます。

逆に、仲間はずれ恐怖心が強まって、ますます「建前の仲良し」が強固になるわけです。

だからこそ、「建前の仲良し」の典型のような「スマホやゲームでしかつき合えないような友達」は必要ないと親は言うべきです。

よほどの事情がない限り、私は小学生にスマホを持たせる必要はないと思っています。

とは言え、最近では親が共働きだったり、塾に通わせるために、連絡用として小学生にも持たせる親も増えているようです。

どうしても必要ならば、私は子ども用の携帯電話を持たせるべきだと思います。

子ども用の携帯電話は、通話ができるうえに、ＧＰＳ機能がついているため、子どもの居場所をすぐに把握できるメリットがあります。

子どもが塾に通っている場合、子どもが一人で夜の街中を出歩くことになり、危険に遭遇するリスクも増えます。そんなとき、子どもに携帯電話を持たせておけば、子どもの安全を確保するツールとして活用できるわけです。

ただ、中学生にもなり、周囲の友達の大半がスマホを持つようになると、現実的には子どもに与えざるを得なくなる場合があるかもしれません。

仲間はずれを恐れることはありませんが、あえて友達の中で孤立させる必要もないかもしれません。

もし、子どもにスマホを与えざるを得なくなったら、**子どもに任せきりにするのではなく、せめて機能を限定したり、使い方のルールを決めましょう。**

たとえば、機種によっては、スマホの利用時間を制限したり、スマホの利用状況をレポートする機能がついているものもあります。そうした制限機能を利用するほか、「スマホは決められた時間だけ使う」「メールやラインの内容は親に見せる」といった使い方のルールを決めるようにしてください。

「子どもを有害サイトから守る」基本知識

子どもに有害サイトを見せないようにするのも、親の役目です。

どうしてもスマートフォンが必要であれば、たとえば、携帯電話会社が提供している**「フィルタリング・サービス**（有害サイトアクセス制限サービス）」を利用しましょう。

ちなみに、フィルタリングとは有害サイトだけをフィルターにかけて排除するという意味です。

先ほども述べたように、私は子どもには、子ども用の携帯電話を持たせるべきだと思います。

たいてい、携帯電話会社が提供する安全な公式メニュー以外にはアクセスができないようになっており、有害サイトにつなぐことはできません。

また、上限が決まっている料金コースを選べば、携帯メールの使いすぎを防ぐこともできます。

メールの機能をつけることは親が許可したとして、たとえば、悪口メールや迷惑メールを防ぐことも必要になります。

そうしたときは、まず「なりすましメールの拒否機能」を使います。携帯のメール設定画面で簡単に設定できるので、取扱説明書を確認して、実際にやってみてください。

なりすましメールの拒否機能とは、携帯のメールアドレスになりすましてパソコンから発信されるメールの受信を拒否する仕組みです。

迷惑メールの多くはパソコンから発信されているので、この機能によってシャットアウトできます。

他にも文面にＵＲＬがついたメール（出会い系サイトなどが多い）を拒否できる機能もあります。

また、原則的にメールの受信をすべて拒否して、親からのメールだけを受信するように設定することもできます。

携帯の使い方を子どもと話し合って、どの機能を使うのか親が決めましょう。そして、メールを使うのであれば、親が随時チェックすることを約束させたうえで、与えるべきでしょう。

くれぐれも、自由放任で子どもに判断を委ねるのだけは避けてください。

パソコンは「食卓に置く」

二〇二〇年度から、小学校で「プログラミング教育」が必修化されることになり、今後、小学生がパソコンに触れる機会はますます増えます。
しかし、私は子ども部屋にパソコンを置くのは絶対に反対です。

最近は、自分の部屋にパソコンを置き、インターネットなどを行なう子も少なくないようです。

それでも、私は子ども部屋にパソコンを置く必要はないと思います。

いま、大人だけでなく、子どものインターネット被害が急増しています。

インターネット上には、さまざまなサイトがあります。勉強の仕方を丁寧に説明しているサイトもあれば、わいせつな画像や残虐な画像が掲載された悪質なものまで混在しています。

いくら親が「悪質なサイトがあるから気をつけなさい」と注意したとしても、**子どもに安全か危険かの判断を任せるのは無謀**というものです。

悪質なサイトの中には、巧みにサイトへ誘導するものもありますし、誤ってサイトに入っただけで高額の金銭を要求してくるようなものまであります。

聞くところによると、「メール友達をつくろう」というサイトに顔写真を送ったところ、そのサイト作成者に顔写真とわいせつ画像を合成され、「これをバラまくぞ」と脅されるといった被害まで出ているそうです。

また、ネットの世界は、現実から都合よく逃避できるため、そこにどっぷり浸かってしまい、抜け出せなくなる危険も伴います。

心が弱い子にとっては、**苦しいこと、つらいことに直面したときの格好の逃げ道**になってしまうのです。

こうした例からもわかるように、子どもに安全かどうかを判断させるのは非常に危険なことなのです。

さらに、インターネット上の掲示板や、ＳＮＳ、メールなどを使ったいじめも問題になっています。

いくら学校で、悪口や仲間はずれを禁じても、インターネットではそれを防ぐことはできません。

ネットいじめは顔や名前を隠すことができるため、現実世界のいじめよりハードルが低く、しかも残虐になりやすいのです。

文字だけによる表現なので、相手を目の前にして口では言えないようなことも書けてしまいます。それを繰り返すうちに、表現がより過激になる傾向があるのです。

ですから、インターネットにつながったパソコンを子ども部屋に置いている家庭は要注意です。

最近は、子どもが有害サイトにアクセスできないようにするフィルタリング・サービスが充実してきているようです。

しかし、それは対症療法的なものにすぎません。

やはり、一番いいのは、**パソコンを子ども部屋に置かず、居間など親の目の届くところに置くこと**です。

そして、親がパソコンやインターネットのことを勉強し、子どもと一緒に利用するということを原則にすべきでしょう。

インターネットは非常に便利です。しかし、ひとたび使い方を誤ると、危険な犯罪道具に変わることもあります。

そのことを親が理解するとともに、子どもにもよく教えることが、子どもを悪質な犯罪から守る秘訣となるでしょう。

「子どもを愛する親の力」こそ成長の原動力

親にとって、「親同士のネットワーク」は大切な情報源だと思います。

学校で子どもがどんな様子かを知るうえでも、塾や中学受験などの情報を得るうえでも重要に違いありません。

私の母がそうであったように、私も私の妻も小学校より、むしろ塾において、親同士の人間関係を大切に考えていました。

と言うのも、子どもが中学受験を控えていたため、塾での様子や、受験に関する情報が非常に重要だったからです。

塾では、中学受験という共通の目標があるため、親同士も積極的に情報交換を行なっていました。

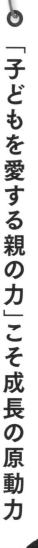

学校における「親同士のネットワーク」の有用性を考えた場合、勉強面よりも、むしろ、**子ども同士の人間関係における役割が大きい**と思います。

たとえば、自分の子が仲間はずれにされたり、学校で友達同士のトラブルに巻き込まれたりしたとき、友達の親から情報が入るというケースが意外と多いからです。

クラスの友達が自分の母親に、「最近、Aちゃん、いつも一人でいることが多いんだよ」と言ったとき、その母親と仲がよければ、「おたくのAちゃん、仲間はずれにされているみたいよ」と教えてくれるかもしれません。

しかし、一度も話したことがない相手に対して、わざわざそれを教えてくれるような親切な人は少ないものです。

だからこそ、学校の懇談会や授業参観、あるいはお母さん方の懇親会に顔を出すことは、親の義務ではないかと思うのです。

仕事が忙しい、あるいは人間関係が面倒だからと、ほとんどこうした場に顔を出さない親も少なくありません。

しかし、クラス内で親のネットワークをまったく持っていないと、周囲の親たちが

「Aちゃんは仲間はずれにされてかわいそうね」とうわさし合っているのに、親だけ最後まで気づかないということになります。

そうなると、対応が遅れ、子どもの精神的ダメージを大きくしてしまう場合もあるでしょう。

親同士のネットワークが弱い人は、おそらくは子どもとの関係づくりも弱く、子どもと本音のコミュニケーションができない可能性も高いと私は考えています。

仲間はずれの程度の軽いものであればまだしも、クラスの全員から無視をされるような、悪質ないじめを受けている子どもは孤立してしまいます。

父親も含めて親同士のネットワークがあると、いじめをした子の両親と冷静に話し合える機会もつくれるし、早めに解決できます。

ですから、**父親の存在も重要**なのです。

父親の中には普段、学校や先生とのつき合いがないために、自分の子どもがいじめられたりすると、いきなり学校に怒鳴り込んで大騒ぎするケースもあります。

しかし、それはあまりいい結果にはつながりません。

むしろ、「一緒に解決していきましょう」というアプローチで親と学校の協力を取りつけたほうが、子どもの心の発達上も好ましい結果になりやすいのです。

わが子が仲間はずれにされているケースだけでなく、仲間はずれをしている場合も親のネットワークは重要です。

あるとき急に被害者の親から「あんたの子どもがうちの子を仲間はずれにしているのを知っているか!?」と怒鳴られたらどうでしょうか。

子どもを守りたいという本能から、「そんなことありえない!!」「でたらめを言うな!!」などと感情的な会話になるおそれがあります。

しかし、第三者の親しい親から冷静に「おたくのB君はAちゃんを仲間はずれにしているみたいよ」と言われたらどうでしょうか?

感情的にならず、自分の子どもと話ができるかもしれません。そうすれば、早い段階で解決できるかもしれないのです。

子どもとの本音のコミュニケーションが大切であるように、親同士もある程度、本音のつき合いができていないと、重要な情報が流れてきません。

ネットワークも含めてやはり親の力だけが、子どもを守り、支えてあげることができるのです。

子どもを第一と考え、子どもの成長を信じて、親友や親同士のネットワークづくりなど成長のための環境を用意する。それができるのも親が子どもに真の愛情を持っているからです。

子どもを愛する親の力こそ、子どもの心を強くし、大きく成長させる原動力なのです。そのことを改めてお伝えしたいと思います。

本書は、小社より刊行した同名の文庫本を再編集したものです。

「心《こころ》が強《つよ》い子《こ》」は母親《ははおや》で決《き》まる！

著　者――和田秀樹（わだ・ひでき）
発行者――押鐘太陽
発行所――株式会社三笠書房
〒102-0072 東京都千代田区飯田橋3-3-1
電話：(03)5226-5734（営業部）
：(03)5226-5731（編集部）
https://www.mikasashobo.co.jp
印　刷――誠宏印刷
製　本――若林製本工場
編集責任者　清水篤史
ISBN978-4-8379-2832-4 C0030